V-Ray
Exterior Workflow 2

DIGITAL BOOKS
디지털북스

V-Ray
Exterior Workflow 2

| 만든 사람들 |

기획 JOYCG | **진행** JOYCG | **집필** 안재문 | **감수** 권미진 | **편집 디자인** JOYCG | **표지 디자인** JOYCG

| 책 내용 문의 |

도서 내용에 대해 궁금한 사항이 있으시면
저자의 홈페이지나 디지털북스 홈페이지의 게시판을 통해서 해결하실 수 있습니다.

디지털북스 홈페이지 www.digitalbooks.co.kr
디지털북스 페이스북 www.facebook.com/ithinkbook
디지털북스 카페 cafe.naver.com/digitalbooks1999
디지털북스 이메일 digital@digitalbooks.co.kr
저자 홈페이지 www.joycg.com
저자 블로그 joycg.blog.me
저자 YouTube www.youtube.com/joycg

| 각종 문의 |

영업관련 hi@digitalbooks.co.kr
기획관련 digital@digitalbooks.co.kr
전화번호 (02) 447-3157~8

Acknowledgment

또다시 집필!
집필을 위해 이전 작업을 정리하면서 드는 생각이 있습니다.

이전 작업 이미지와 파일을 들춰보면서 뭔가 더 작업하지 못하고 멈춘 것 같은 아쉬움이 남네요!.
지금이라도 다시 추가 작업을 해야 할 것 같은 느낌!
작업할 당시에는 최신 기술과 프로그램으로 새로운 시도도 해보고 더는 할 게 없다고도 생각했을 결과물인데, 지금 보면 아쉬움이 큽니다.
매번 최선을 다했다는 느낌도 그 상황에서의 생각이 아니었을까 싶네요.

작업에 사용하는 프로그램은 크게 달라진 것 없이 매년 새로운 이름과 버전을 달고 쏟아져 나오지만, 그래도 변하지 않는 것이 있습니다.
수많은 작업을 해오면서 찾아낸 나 자신의 작업 방식으로 흐름을 끊지 않고 작업할 수 있는 길이라고 할까요!
초급과 중급의 경계 어딘가에 있다고 느끼는 분이라면 대부분 갑작스러운 문제로 작업의 흐름이 끊기고 답답해한 경험이 많을 것입니다.
그 해답을 찾기 위해 인터넷을 헤매고 책을 사서 보기도 하고, 그렇게 많은 시간을 투자하면서 답을 찾고 한 단계 나아가겠죠!

이 책에 그런 누군가에게 작은 도움이라도 되길 바라는 마음으로 작업의 아쉬움은 잠시 덮고 작업 과정을 정리합니다.

제주의 칼바람 부는 날

안 재 문

About book

이 작업은 건축물과 자연환경을 사실적으로 표현하기 위해, 필요한 것을 찾아보고 새로운 기술을 연습할 목적으로 진행했던 것입니다. 어떤 과정은 보는 사람에 따라 '굳이 이런 걸 해야하나'라는 생각이 들수도 있겠죠! 우선 모든 과정을 따라 하지 않아도 어떻게 작업했는지 구경한다는 느낌으로 봐주세요. 전반적인 작업 과정을 설명하고 있어서 초급자가 보기에는 기초적인 설명이 충분하지 않을 수 있지만, 중급자 이상이라면 어렵지 않게 이해할 수 있는 내용입니다.

무엇을 표현하든 '이게 정답이다'라는 작업방식은 따로 없습니다. 이 책에서 설명하는 방법도 단하나의 길은 아니라고 말씀드리고 싶네요. 작업자마다 자신에게 맞는 작업 방식과 노하우가 있고, 여기 소개된 방법이 자신과 맞지 않을 수도 있으니까요. 하지만, 한 번쯤은 책에서 소개하는 방법대로 따라 해 보시기를 바랍니다.
작업 중에 부딪히게 되는 대부분의 문제는 스스로 만들어내는 것입니다. 잘못된 순서, 하지 말았어야 할 한 번의 클릭, 미리 해두면 좋았을 것들…. 이런 여러 가지 문제를 정리하고 불필요한 과정을 덜어내면서 만들어진 작업 과정이기에, 여러분도 큰 문제없이 최종 결과물을 만들어낼 수 있을 거예요.
이번 책에서는 이런저런 옵션 값보다 전반적인 작업의 흐름을 설명하려고 노력했습니다. 여러분이 앞으로 막힘없는 나만의 작업 과정을 만들어가는데 이 책의 내용이 도움이 되길 바랍니다.

책의 내용 중에 문제가 있거나 이해가 안 되는 부분이 있다면, JOYCG 홈페이지를 통해서 해결할 수 있습니다. 책의 내용뿐 아니라 CG에 관한 이야기라면 무엇이든 이야기할 수 있는 공간이니까 망설이지 말고 소통해주세요! ^^

JOYCG는 새로운 CG 기술을 빠르게 받아들여 실무에 적용하고자 노력함과 동시에 이런 방법들을 모두와 공유하고자 합니다.

지속적인 온라인 무료 특강과 온라인 실무 강의를 진행하고 있으며 숨김없이 모든 노하우를 전달하기 위해 노력하고 있습니다.

CG 초급자를 위한 개별 공간에서 마음 편하게 활동하세요. 함께 생각하고 창의적인 방법을 고민해 볼 수 있는 자유로운 공간입니다.

www.joycg.com

Youtube 채널

JOYCG는 Youtube를 통해 다양한 강의 영상을 공유합니다. 모바일을 통해서 새로운 강의를 바로 만날 수 있습니다.
JOYCG의 Youtube 채널 [https://www.youtube.com/joycg]을 구독하면서 함께 소통해 주세요!

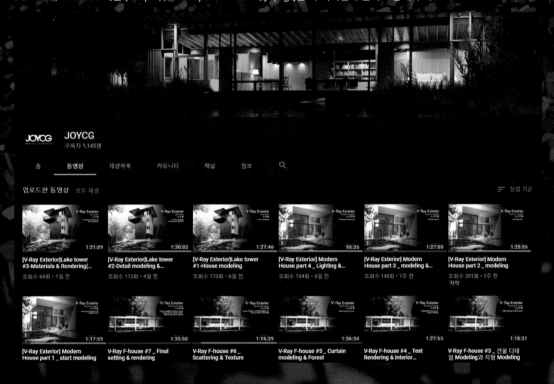

Course & PDF books

JOYCG.com에서는 전 세계 유저들이 알고 싶어하는 새로운 기술과 실무작업의 효과적인 방법들을 온라인을 통해 배울 수 있습니다.
Modeling, Materials, Rendering, Renderer, Interior, Exterior, Product 등의 다양한 기술을 이제 전 세계 어디에서나 온라인을 통해 배워보세요.

Multimedia Contents
JOYCG의 작업과정이 소개된 책을 동영상이 포함된 PDF 형태로 구매할 수 있습니다.

건물 Model Data 받기

이 책을 따라 하면서 자신의 Modeling 작업과 비교해보고, 작업에 도움이 될 수 있도록 간단한 형태의 건물 Model Data를 올려둡니다.
가능하면 책을 따라 해서 만들어 보거나, 저처럼 사진 자료를 참고해서 만들어 보시면 좋겠죠.
건물 Model Data가 필요한 분들은 아래 과정을 통해 JOYCG에 가입하고 다운로드하면 됩니다.

JOYCG 가입하기

JOYCG는 간단한 가입 과정만 거치면 바로 이용할 수 있습니다. 불필요한 개인 정보는 필요하지 않으니 안심하고 가입하셔도 됩니다.
JOYCG[www.joycg.com]로 이동 후, 오른쪽에 있는 녹색 버튼 "Sign in"을 누르고 "Register"를 선택합니다.

E-mail 인증하기

원하는 ID와 암호(Password)를 입력하고 JOYCG에서 사용할 User Name도 입력합니다.
사용 가능한 E-mail 주소를 입력하세요.(daum, korea, hanmail 등 제외)
가장 아랫부분에는 자동입력방지 항목이 있습니다. 문자 조합을 똑같이 입력해 주시면 됩니다.

회원 정보에 입력한 E-mail에 인증 메일이 도착하면 메일에 포함된 링크를 클릭해야 가입 절차가 완료됩니다.
JOYCG의 회원가입은 E-mail 인증 방식이라서 메일주소가 틀리면 인증 메일을 받을 수 없어요.
JOYCG 메일이 도착하지 않는다면 우선 스팸메일 폴더를 확인해보세요!

Sign in 하기

로그인하면 JOYCG의 모든 내용을 볼 수 있습니다.

Forum의 JOYCG Books & Contents Q&A 게시판
Forum 메뉴에서 JOYCG Books & Contents Q&A 게시판을 선택합니다.

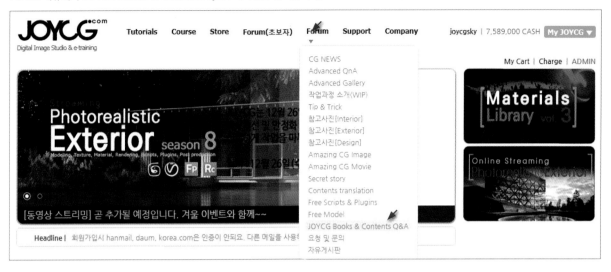

[Book]3ds Max & V-Ray Realistic Materials 샘플 파일
게시판 상단에 보이는 [Book]V-Ray Exterior Workflow 2 Model 파일 제목을 선택합니다.

Subject	Views	Replies	Last Post
NOTICE [Book]V-Ray Exterior Workflow 2 Model 파일 by SKY	0	0	0초 전 by SKY
NOTICE [Book]3ds Max & V-Ray Realistic Materials 샘플파일 by SKY	5316	44	5일 전 by 가온
NOTICE [참고자료]V-Ray Photorealistic Exterior Season6	2452	1	242일 전 by 유장찌

Data Files
책에 대한 내용을 확인하고 첨부된 파일(VEW2.zip)을 다운로드해서 사용하시면 됩니다.

Contents

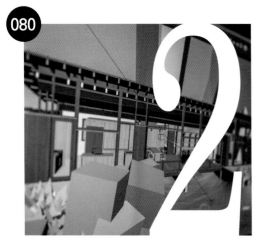

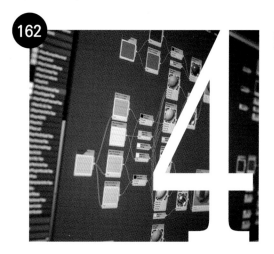

Materials

Modeling 과정에서 적용한 Materials를 확인하고 수정합니다.

물체의 형태에 따라서 사실적인 표현에 필요한 VRayDirt map과 다양한 반사로 재질을 표현합니다.

Mapping 작업이 필요한 물체는 Unwrap UVW를 적용해서 Material이 제대로 적용되도록 만듭니다.

Rendering & Post-Production

View의 구도를 잡고 Camera View를 통해 최종 Rendering을 하는 내용에 대해서 설명합니다.

최종 Rendering 전에 V-Ray의 실시간 렌더링 기능인 GPU Rendering을 활용해서 원하는 느낌을 빠르게 찾아나갈 수 있습니다.

Rendering이 완료되면 Photoshop을 통한 후반 작업으로 최종 이미지를 만듭니다.

Start

시작에는 항상 두려움과 설렘이 함께하죠!
어떻게 작업해야 할지 막막함이 있지만, 완성했을 때를 상상
하는 즐거움 또한 있습니다.

어떤 작업이든 시작하기 전에 충분한 시간을 투자하고 인터
넷에서 필요한 정보와 자료들을 최대한 많이 찾아야 합니다.
최근엔 YouTube를 통해 찾아보는 다양한 영상 자료들이 더
많은 도움이 되기도 하죠!

충분한 자료는 작업 과정에서 불필요하게 고민하게 되는 시
간을 줄여줍니다. 그렇기 때문에 시간이 조금 더 걸리더라도
자료수집을 잘해두는 것이 좋습니다.

자료수집이 끝나면 사진과 이미지 도면을 파악하면서 어떤
부분을 어떻게 만들지 먼저 계획하고 기본 형태부터 작업을
시작하면 되겠죠!

Chapter 01 건축물과 자료들

평소와 같이 좋아하는 건축물이나 인테리어 공간에 대한 정보를 스크랩하다가 지금 작업할 이 건축물의 사진을 발견했습니다. 업무에서 도시 건축물은 쉽게 만날 수 있지만 이렇게 자연 속의 모던한 주택을 작업하게 되는 경우는 흔하지 않죠! 그래서 이 건축물을 주변 환경과 함께 사실적으로 표현하면 멋질 것 같았습니다.
주변 숲과 집 앞의 작은 호수가 멋진 조화를 이루는 목조건축물이죠! 전 세계의 아름다운 건축물 순위에서도 본 것 같네요.
새로운 건축물들은 매일 만들어지고 늘 새로운 형태와 디자인으로 놀라게 됩니다.
일단 건축물이 만들어지면 그때부터 작업자의 감각에 따라 전혀 다른 느낌으로 표현될 수 있기 때문에 늘 아이디어를 떠올리면서 작업을 진행하는 것이 좋습니다.

충분한 자료? 이게 최선입니까?

일단, 만들어야 할 것들의 형태를 충분히 파악할 수 있을 만큼 자료를 모아야 합니다.
작업을 시작하기 전에 전체 형태를 파악하고 있어야 고민하는 시간 없이 빠르게 만들어나갈 수 있습니다. 우선 형태 파악을 위한 자료가 충분히 있는지 확인하고, 막히는 부분이 있다면 그 부분을 해결할 자료가 더 있는지 찾아봅니다!

건축물 이름으로 검색하면 필요한 자료를 빨리 찾아낼 수 있습니다.
Google [www.google.com]에서 "Newberg Residence"로 검색을 시작해 볼까요!
건축 관련 사이트나 건축 회사, 관련 이미지, 영상이 검색됩니다.

검색된 이미지 중에서 서로 다른 시점의 이미지를 최대한 많이 모아서 전체 형태와 부분 디테일을 빠짐없이 파악할 수 있도록 합니다. 건물의 형태와 비율을 참고할 수 있는 도면 이미지도 찾아서 받아두는 것이 좋습니다.

건축물에 대한 영상자료가 있다면 사진에서 볼 수 없었던 부분을 더 자세히 확인할 수 있어서 작업에 많은 도움이 됩니다.

 Newberg Residence 🔍

All   Images   Maps   News   Videos   More   Settings   Tools

About 278,000 results (0.44 seconds)

Newberg Residence / Cutler Anderson Architects | ArchDaily
https://www.archdaily.com › ... › Newberg Residence / Cutler Anderson Architects ▾
Aug 1, 2016 - Completed in 2013 in Newberg, United States. Images by Jeremy Bittermann . This single-family 1650 square foot residence and 550 sf guest ...

Images for Newberg Residence

→ More images for Newberg Residence   Report images

Newberg Residence - AIA
https://www.aia.org/showcases/10096-newberg-residence ▾
This single-family 1440 square foot residence and 550 square foot guesthouse was designed to broaden the owners already strong emotional connection to the ...

Newberg Residence: Exotic Green Escape Built Around a Man-Made ...
https://www.decoist.com › Dream Houses ▾
On first glimpse, you might well assume that the snapshot of the amazing Newberg Residence is one of those picture-perfect screensavers or HD images that is ...

Videos

 0:29

 8:39

Modern Architecture Newberg Residence

OnHome
YouTube - Jan 5, 2017

Contemporary House Design Connecting Nature and Living World by ...

Interior Design Magazine
YouTube - Nov 2, 2016

01 Image검색

Google 검색 결과에서 관련 이미지만 볼 수 있도록 Image for Newberg Residence를 선택합니다.
검색어에 관련된 사진과 이미지 자료만 페이지에 나타납니다. 가능하면 큰 이미지 위주로 다른 시점의 사진 이미지는 모두
받아두도록 합니다.

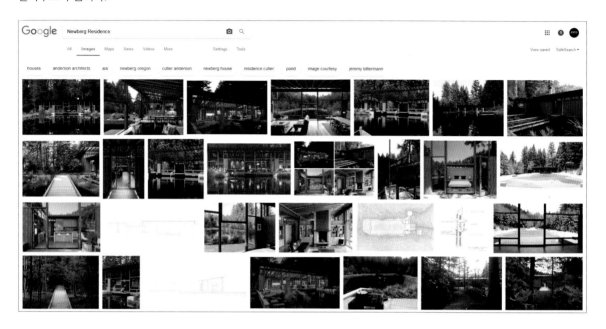

02 도면 찾기

작업 편의를 위해 건축물의 상세한 정보가 담긴 도면 자료가 있다면 좋겠지만, 검색으로 찾을 수 있는 도면 자료는 단순화된
건물 이미지 도면 정도였습니다.
건축물 이외에 주변 환경 작업도 함께 진행해야 하므로 주변 상황이나 호수의 크기 등이 표시된 도면이 있는지도 꼼꼼하게 검
색해 봅니다. 다른 검색어(건축회사나 디자이너)를 사용해 보는 것도 좋습니다.
검색 결과 중에서 새로 발견되는 이미지를 확인하고 되도록 큰 사이즈의 이미지를 찾아서 수집합니다.

03 관련 정보찾기

검색 결과 페이지 중에서 쓸만한 이미지 하나를 클릭하고, Visit 버튼으로 출처 웹페이지를 방문합니다. 운이 좋다면 해당 웹페이지에서 비슷한 수준의 관련 자료를 한 번에 수집할 수도 있습니다.

'Related images'에 보이는 관련 이미지를 클릭해서 확인해 보는 것도 좋습니다. 이렇게 연결된 자료를 따라가다가 새로운 자료를 찾아낼 수도 있습니다.

04 이미지 받기

이미지 검색으로 찾아 들어온 웹페이지에서는 우선 그 이미지가 포함된 프로젝트 페이지를 찾고 프로젝트 관련 정보를 메모해 두는 것이 도움이 됩니다.
필요한 이미지는 찾아서 다운로드 합니다.

05 추가자료 받기

Google 검색화면으로 돌아가서 지금까지 수집한 자료 이외의 다른 이미지나 도면이 있는지 확인하고, 필요한 이미지를 모두 저장합니다.

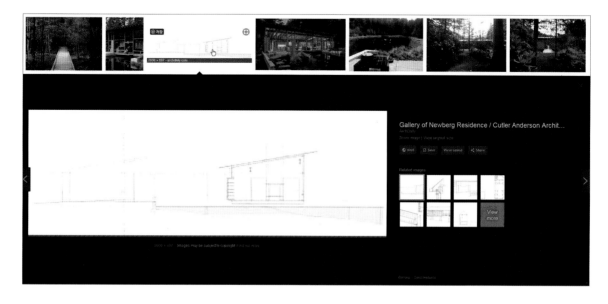

Chapter 02 작업용 도면 만들기

자료를 모두 받았나요? 충분히 최선을 다해 받았나요? 좋습니다!
그럼 다음으로 해야 할 작업은 어떤 과정이 있을까요?

"작업을 위한 도면 만들기"

인터넷에서 제대로 된 CAD 도면을 구하는 것은 어렵습니다. 대부분 이미지 파일로 되어 있죠!
이미지 도면의 경우 다운로드 받은 각각의 이미지마다 크기가 제각각 다르므로 작업에 사용하기 위해서는 도면 이미지를 모두 같은 비율로 만들어야 합니다.

Photoshop과 같은 2D 프로그램에서 사용할 도면 이미지를 불러오고 이미지의 비율이 맞는지 확인하는 것부터 해야겠죠!
크기 비율이 맞춰지면 이미지를 같은 크기로 방향에 맞게 저장하면 작업용 도면 준비가 마무리됩니다.

3ds Max로 작업할 때 Photoshop과 같은 2D 프로그램의 사용이 꼭 필요하므로 최소한 기본 기능 정도는 다룰 수 있어야 합니다. 프로그램이 버전업될 때마다 새로운 기능을 틈틈이 익혀두는 것도 작업의 효율성을 높여줍니다.

01 이미지 확인

도면 이미지 중에서 기준이 될 이미지를 먼저 불러오고 이미지 크기를 확인합니다.

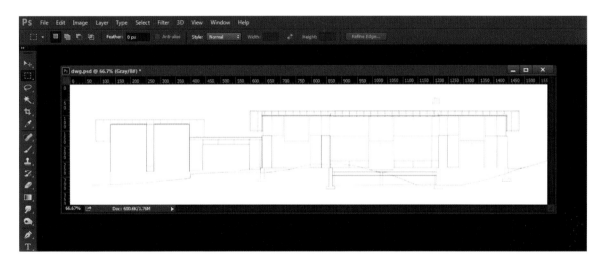

02 기준 정하기

측면 도면 이미지를 Layer에 추가하고 정면 도면의 어디를 기준으로 할것인지 결정합니다!

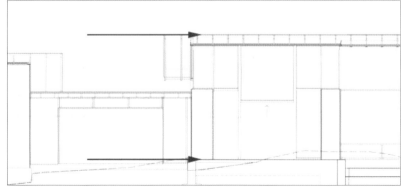

03 도면 크기 조절

새로 추가한 측면 도면의 투명도를 50-60%로 조절한 후, 여러분이 생각하는 기준에 맞게 크기를 조절합니다.
저는 바닥면과 지붕 끝선을 기준으로 크기를 조절했습니다.

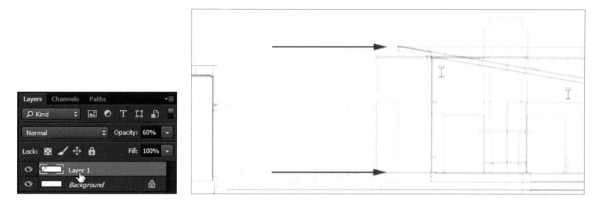

04 도면 확인

크기 조절이 완료되면 Layer의 투명도를 100%로 다시 수정하고 측면 도면 전체가 보이는지 확인합니다.
도면에서 필요한 부분이 잘려 보이지 않도록 저장해 주면 됩니다.

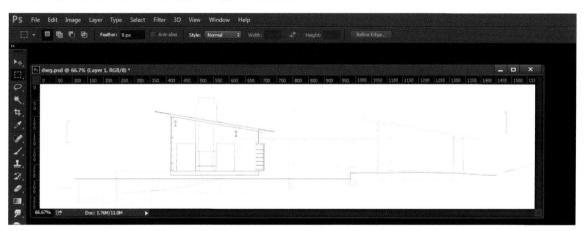

05 평면 만들기

아직 제대로 된 평면 이미지를 인터넷에서 발견하지 못해서 전체가 나온 이미지에서 건물 부분만 잘라서 평면으로 사용했습니다.
이미지에서 작업에 필요한 부분만 선택합니다.

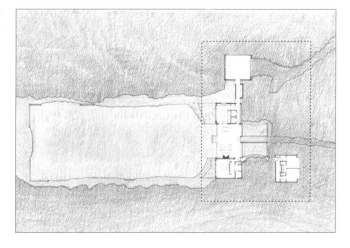

06 평면 저장

선택된 이미지를 복사하거나 Crop 해서 흑백 이미지로 만들고 90도 회전시켜 작업하기 좋은 평면을 만듭니다.
개인적으로 앞쪽에 호수가 나오게 하려고 아래의 그림처럼 회전시켰습니다.

Chapter 03 3ds Max에서 도면 작업

작업에 사용할 이미지 도면 작업이 완료되었나요?

"작업에 빠져봅시다!"

시작이 반이라는 말처럼, 시작이 어려울 뿐 시작하고 나면 이미 작업의 50%를 이룬 것과 같습니다.

시간은 부족하고 뭔가 해야 할 것은 많고. 하루가 정신없이 지나가면 막상 뭔가 한 것도 없는데 잠잘 시간이 되죠!
정신없이 바쁜 것 같지만 그렇다고 눈에 띄는 성과가 없어서 뭔가 진행되고 있지 않은 느낌!

하루를 돌아보면 불필요하게 흘러가는 시간이 참 많은 걸 알게 됩니다.
필요한 정보를 찾으려고 시작한 인터넷 서핑에서 갑자기 눈길을 끄는 다른 방향으로 흘러가거나, Youtube 검색을 하다가 나도 모르게 계속 다른 정보 속으로 빨려드는 것처럼 말이죠!

그런 시간을 조금 줄인다면 작업할 시간이 없었다는 얘기는 하지 않아도 되겠죠! 그럼 우리도 작업으로 들어가 볼까요?

01 평면 이미지의 크기 확인

3ds Max의 장면에 도면 물체를 만들기 위해, 우선 Photoshop에서 저장한 도면 이미지의 크기를 확인합니다.

평면 이미지의 크기를 먼저 확인합니다. (제가 만든 이미지와 여러분이 만든 이미지의 크기가 다를 수 있으므로 여러분은 각자 자신이 만든 이미지 크기를 확인하셔야겠죠!)

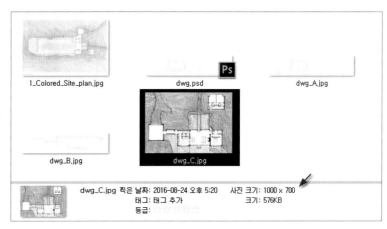

02 Plane에 평면 이미지를 Drag&Drop

장면 내에 이미지와 같은 비율로 Plane을 만듭니다. Viewport를 Smooth& Highlights Mode(Plane의 면이 색상으로 보이는 상태)의 Perspective View로 만들고, Plane 물체로 이미지를 Drag&Drop 합니다.

03 정면 이미지의 크기 확인

정면에서 바라보는 도면 이미지의 크기를 확인합니다.

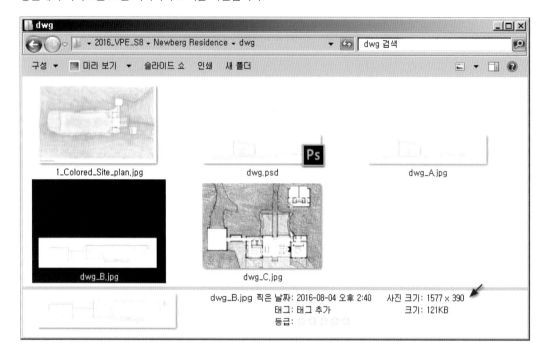

04 Plane에 측면 이미지를 Drag&Drop

Front View에서 이미지와 같은 비율의 Plane을 만들고, 측면 이미지를 Drag&Drop 합니다.

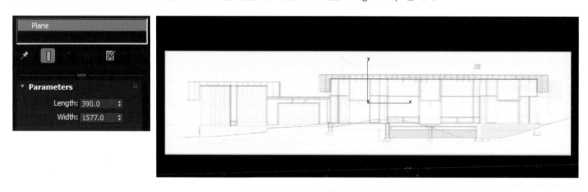

Plane 물체를 Top View에서 Shift+Rotate 명령으로 90도 회전시키면서 복사하고, 복사된 물체에는 측면 이미지를 Drag&Drop 해서 적용해 줍니다. Right View에서 봤을 때 아래와 같은 상태가 되면 "OK"입니다.

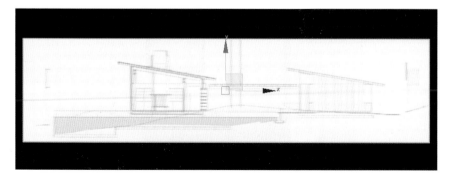

05 Viewport 이미지 해상도 조절하기

Plane에 적용된 이미지가 뿌옇게 보인다면 설정을 바꿔야 합니다.
Viewport 처리속도를 빠르게 하기 위해 기본값이 낮게 설정되어 있
습니다. 이 상태에서는 적용된 이미지가 선명하게 보이지 않습니다.
해당 Viewport의 User Defined > Viewport Global Settings 명
령(3ds Max 2019 기준)을 실행합니다.

Viewport Configuration 창이 열리면, Display Performance의 Viewport Images and Textures Display Resolution
> Texture Maps 값을 우리가 사용하는 이미지 크기와 비슷하거나 조금 높게 설정합니다. 지금처럼 Viewport의 이미지를
자세하게 봐야 하는 경우가 아니라면 이 값을 다시 기본으로 수정해서 빠른 Viewport 작업이 가능하도록 합니다.

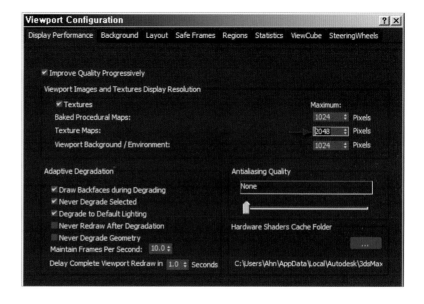

Viewport의 이미지가 깨끗하게 보인다면 제대로 진행되고 있는거겠죠.

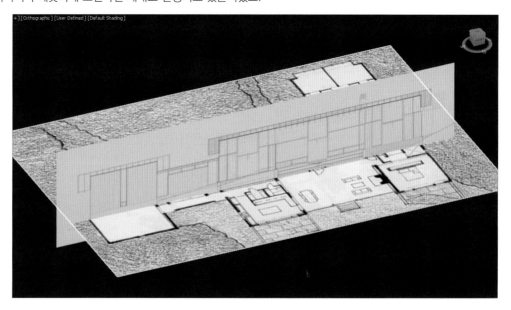

Chapter 04 장면 Scale 변환하기

이미지 도면은 실제 크기의 도면이 아니므로 지금까지 만들어 놓은 Plane 도면은 비율만 참고할 수 있는 상태입니다. 이제는 이미지 도면을 실제 크기로 바꾸는 작업이 필요합니다.

이미지 도면을 실제 크기로 만들기 위해서 실제 치수를 알고 있는 부분을 도면에서 찾아야 합니다.
보통 출입문의 크기나 가구의 크기는 대부분 일정한 규칙에 따른 크기로 만들어지죠.
그 부분의 도면상 길이를 측정하고, 실제 치수와 도면상 길이의 비율을 계산합니다. 장면 전체를 이 비율대로 확대하면 3ds Max의 공간이 실제 크기로 변환됩니다.

$$\text{“실제 길이/측정한 길이}=\text{확대 비율”}$$

평면도에서 실제 치수를 알만한 부분은 문의 폭이나 침대 길이 정도인데요.
건축물마다 문의 폭이 조금씩 다를 수 있어서 이번엔 침대를 기준으로 계산해 보면 어떨까 싶네요.
Viewport의 이미지 도면에서 측정한 침대 길이가 210mm였다면 보통의 침대 길이가 2100mm이기에 다음과 같은 확대 비율을 얻을 수 있습니다.

$$\text{“2100/210}=\text{10.000”}$$

어렵지 않죠! 그럼 시작해 볼까요?

01 Layer 만들기

도면 물체를 모두 선택하고 새로운 Layer에 추가해서 Layer 이름은 "dwg"로 해주었습니다.

02 Tape 명령

Plane과 같은 3D 물체를 만들어서 대충 길이를 가늠해 볼 수 있습니다.
또, Helper의 Tape 명령으로 필요한 길이를 측정할 수 있죠!

03 길이 확인

평면 도면에서 Door 폭과 침대 길이를 Tape 명령으로 측정합니다.

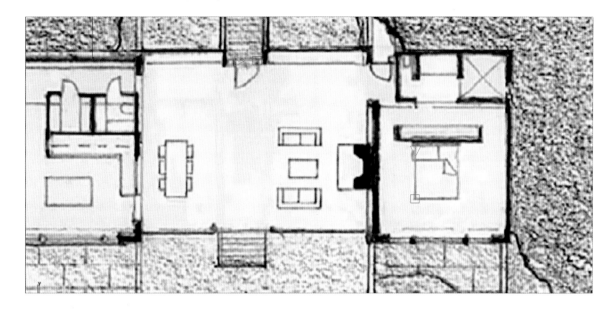

평면 도면에서 침대의 길이는 81.816입니다. (여러분의 도면은 다른 수치가 나오겠죠!)

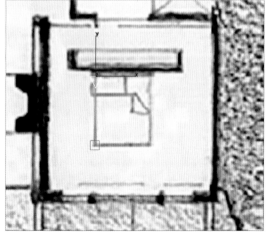

평면 도면에서 Door의 폭은 34.917입니다. (여러분의 도면은 다른 수치가 나오겠죠!)

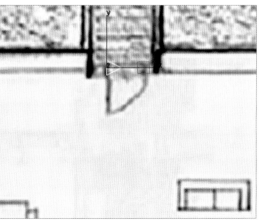

04 장면 Scale 변환

이 작업에서는 침대 길이를 사용했습니다.
실제 침대 길이를 2100으로 정하고 측정된 길이로 나
눕니다. (2100/81.816= 25.66735112936345)
이 비율로 장면을 확대해 줍니다.

Utilities Panel의 More... 버튼을 실행하고, Rescale
World Units를 실행합니다.

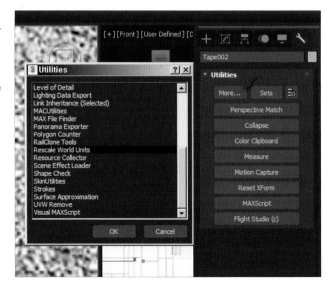

Rescale... 버튼을 클릭하고 계산된 Scale 값
을 적용해서 장면 전체의 Scale을 바꿉니다.

05 Scale 확인

Rescale이 적용되면 장면 내의 모든 물체가 확대됩니다.
장면이 실제 스케일로 잘 변환되었는지 확인하기 위해 Tape 물체를 선택해서 침대 길이를 다시 측정합니다. 침대 길이는
2100에 거의 가깝고, Door 폭은 900에 가깝게 바뀐 것을 볼 수 있습니다.
이제 본격적인 작업을 시작할 수 있겠네요.

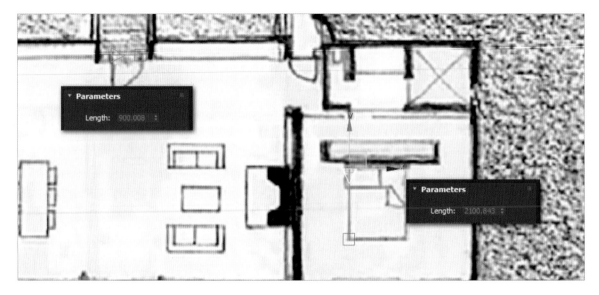

Chapter 05 기본 Modeling 시작하기

건축물을 위한 도면 물체를 배치하고 장면을 실제 Scale로 만들었다면, 이제 본격적인 Modeling 작업을 시작할 수 있습니다. 준비했던 자료로 전체 형태를 충분히 파악해서 어떻게 만들어 나가는 것이 좋을지는 미리 정하는 것이 좋습니다.

"어느 부분을 먼저 시작할까?"

이 건물은 지붕면이 기울어져 있고 그 아래의 건물 형태가 지붕면을 벗어나지 않기 때문에 기울어진 지붕을 먼저 작업한 다음 나머지 형태를 연결해 가는 식으로 작업해 보도록 하죠. 우선은 건물 전체를 단순한 형태로 작업한 후, 부분적으로 세밀한 Modeling 작업을 해나가는 것이 좋습니다.

Modelling 작업을 시작하기 전에 작업할 물체의 형태를 고민하고 계획하는 시간을 충분히 가지는 것이 좋습니다. 이렇게 해서 불필요한 반복 작업을 피하는 것이 오히려 작업시간을 단축시키는 방법입니다!

01 도면 물체의 위치 조절

Modeling 작업이 수월하도록 도면 물체의 위치를 조절해 줍니다. 평면 물체를 Z축의 0보다 조금 아래로 내려주고, 정면 물체는 건물 뒤쪽으로, 측면 물체는 Right View에서 볼 때 뒤쪽으로 이동시켜서 물체를 만들 때 겹쳐져 보이지 않도록 합니다.

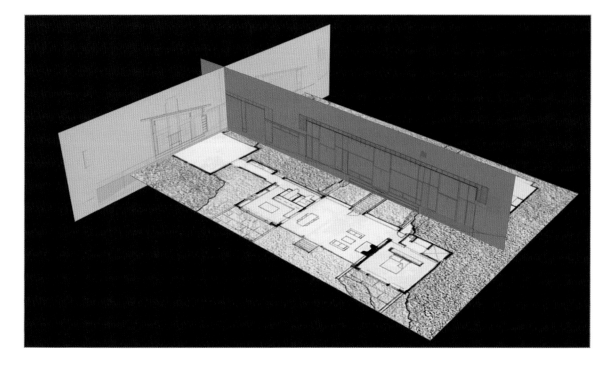

02 Plane으로 기본 물체 만들기

Plane 명령을 이용해서, 평면 도면의 건물 외곽선에 맞게 기본 형태를 만들어 줍니다.

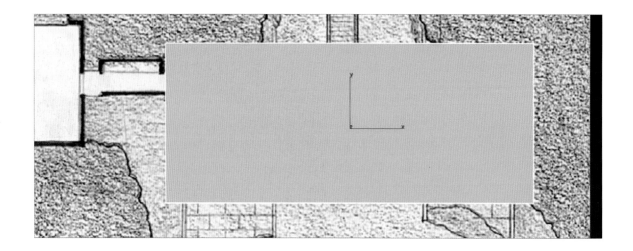

03 지붕 형태로 수정

Right View에서 Plane을 지붕 위
치로 이동합니다.
Editable Poly로 Convert한 다음,
지붕 형태에 맞게 기울기를 조절합
니다.

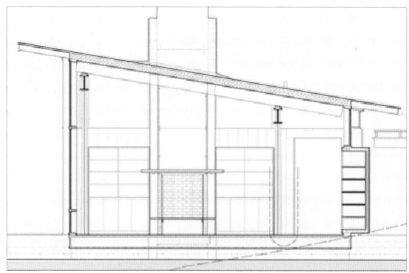

04 Edit poly 활용

현재 물체 형태를 활용해서 다른 물체를 만들기 위해 Edit poly를 추가합니다. 지붕면 아래 약간 들어간 형태에 맞게 양쪽
Edge를 Chamfer 명령으로 잘라줍니다. Open 옵션을 적용하면 Chamfer한 수치만큼 면이 없어집니다.

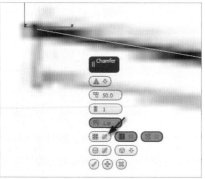
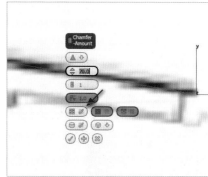

05 Chamfer 활용

이번에는 더 안쪽 위치에 Edge를 추가하기 위해, 한쪽 Edge를 선택하고 Chamfer 명령을 실행합니다. Open 옵션을 켠 상태에서 Edge의 위치를 확인하고 Open 옵션을 끈 상태로 명령을 실행해서 해당 부분에 Edge만 추가되도록 합니다.

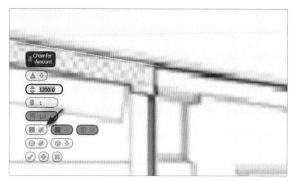 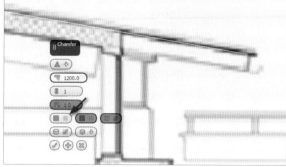

반대쪽도 같은 방식으로 필요한 부분에 Edge를 추가합니다.

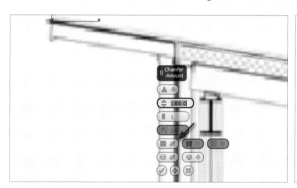 

06 Edge 추가

Front View에서 양쪽 Edge를 모두 선택하고 Chamfer 명령으로 건물 벽면의 끝선에 맞게 Edge를 추가합니다.

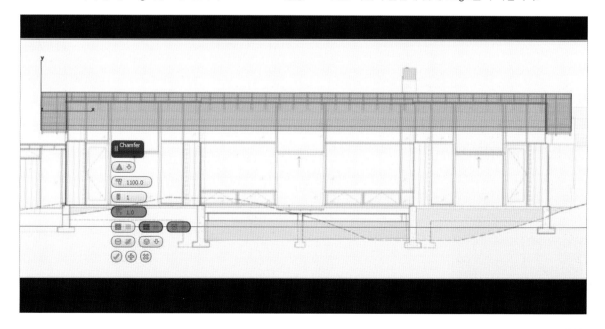

07 Polygon Detach

Polygon Level에서 안쪽 Polygon을 선택하고 Detach합니다. (Detach As Clone 옵션은 사용하지 않아도 됩니다.)

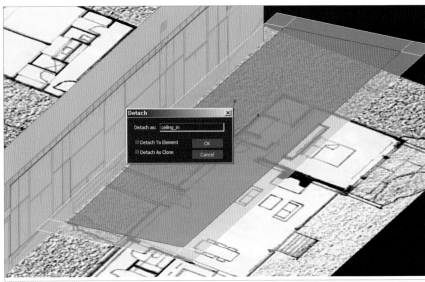

Ctrl+A로 나머지 면을 모두 선택한 다음, Detach해서 새로운 물체를 만듭니다.

08 Edit Poly 삭제

다른 물체를 만들기 위해 추가한 Edit Poly 명령을 삭제합니다.
이제 처음에 만들었던 지붕 물체의 원본이 깨끗하게 남게 되겠죠!
(Edit Poly를 추가해서 사용하면 원본을 그대로 두고 연관된 형태를 새로 만들 수 있어서 저는 자주 사용해요!)

09 지붕에 두께 적용

현재 선택된 물체는 지붕면으로 사용하기 위해 Shell 명령을 적용해서 두께를 줍니다.

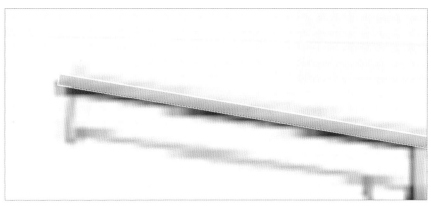

10 천장 면 만들기

떼어낸 안쪽 물체를 먼저 선택합니다.

11 Border로 측면 만들기

바깥쪽 Edge를 Border로 선택하고 Right View에서 Y축 방향으로 Shift+Drag 해서 새로운 면을 만듭니다.
Shell 명령을 적용하면 Z축으로 수직인 면이 만들어지지 않기 때문에 이런 방식으로 두께를 만듭니다.

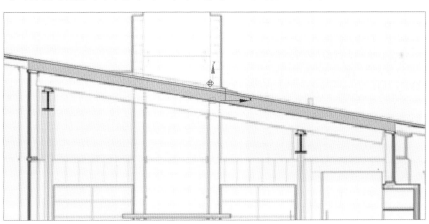

12 Border Cap

열려있는 부분은 Cap 명령으로 막아줍니다.

13 면 방향 확인

면의 방향을 먼저 확인합니다. 만약 면의 방향이 바깥쪽을 보고 있지 않다면, Polygon level에서 물체의 모든 면을 선택 (Ctrl+A)하고 Flip 명령으로 뒤집어줍니다. (Modeling이 제대로 되었다면 면의 방향은 바꿀 필요가 없습니다)

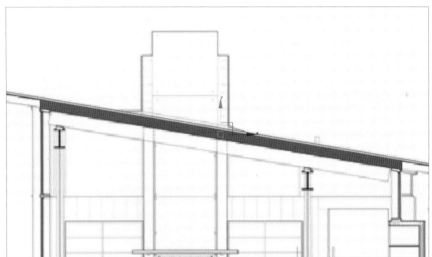

14 Layer 작업

작업이 편리하도록 도면 물체와 지붕 물체를 서로 별도의 Layer를 만들어서 관리합니다.
계속 관련된 물체는 별도의 Layer로 만들어 가면 되겠죠!

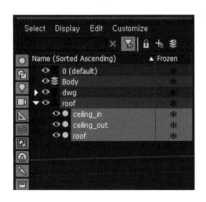

15 물체 선택

키보드의 F3 키를 눌러 물체들이 Wireframe으로 보이게 만 든 후, 3개의 지붕 물체만 선택합니다.

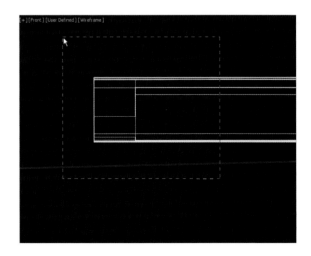

16 상태 확인

다시 F3 키를 눌러 Smooth+Highlight 모드에서 물체를 확인합니다.
물체에 두께가 생기고 여러 개의 물체가 겹쳐있을 때에는 See-Through [Alt+X] 기능으로 물체를 반투명하게 만들어도 물체 뒤의 도면 이미지를 제대로 볼 수 없습니다.

17 Visibility 옵션 사용

Modeling 작업을 시작할 때 도면 상의 선을 확인하면서 형태를 만들어 나가는 것이 중요합니다. See-Through 기능으로도 물체 뒤의 도면이 잘 보이지 않는다면 작업이 쉽지 않겠죠.
이런 경우 물체를 선택한 상태에서 Quad menu(Viewport에서 마우스 오른 버튼을 클릭)의 Object Properties를 실행하고, Rendering Control 부분의 Visibility 값을 "0~0.1"로 수정합니다.
도면을 확인해야 하는 작업이 끝나면, Visibility 옵션을 원상태로 돌려줍니다. 그렇지 않으면 물체가 Rendering 되지 않아요.

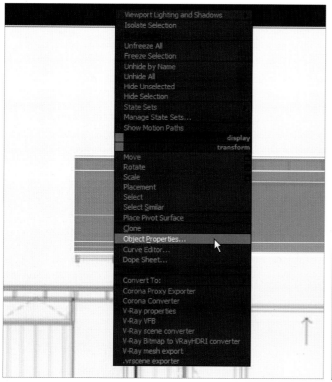

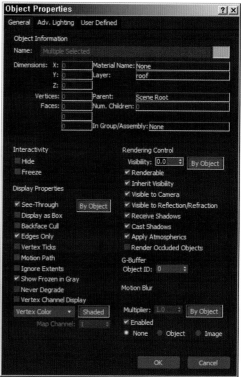

18 Viewport 확인

이제 Viewport에서 물체가 100% 투명하게 보이고, 뒤쪽 도면도 잘 보이는 것을 확인할 수 있습니다.

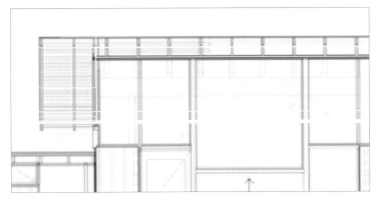

19 떼어낸 바깥쪽 물체 선택

지붕에서 떼어낸 바깥쪽 물체를 선택합니다.

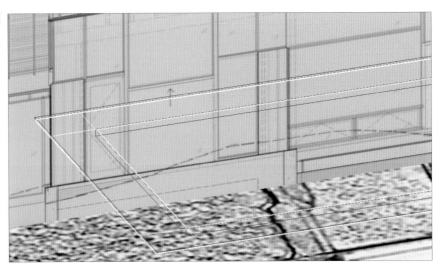

20 Edge 추가

Front View에서 도면 이미지를 보면, 지붕 아래에 규칙적인 간격으로 나무 패널의 위치가 표시되어 있습니다.
오른쪽 그림처럼 패널 위치에 Edge를 하나 추가합니다.

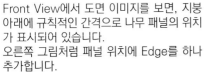

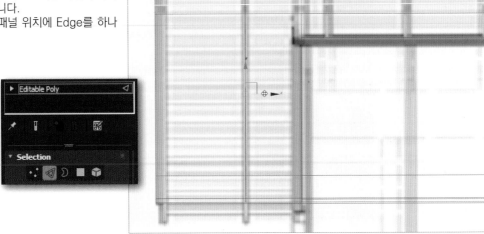

21 Chamfer

추가된 Edge를 도면에 보이
는 두께만큼 Chamfer 합니
다.

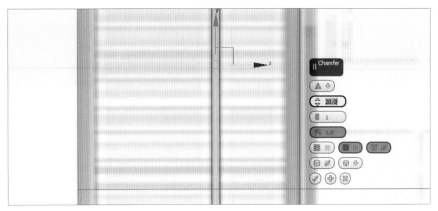

22 Polygon 선택

Chamfer로 만들어진 Polygon을 선택해서 Ctrl+I로 선택을 반전시키고, 선택된 면은 삭제합니다.

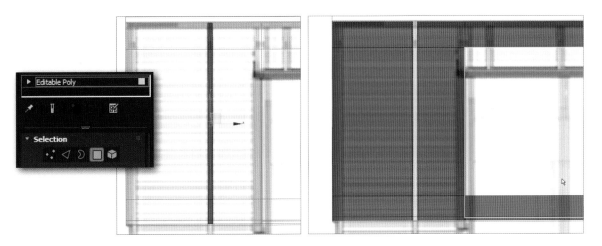

23 Border를 이용한 면 만들기

Border Level에서 물체의 경계를 선
택하고, Right View에서 Y축 방향으
로 Shift+Drag 해서 두께를 만듭니다.
직전에 만들어 두었던 천장 물체와 같
은 두께로 만들기 위해 Snap을 사용
합니다.

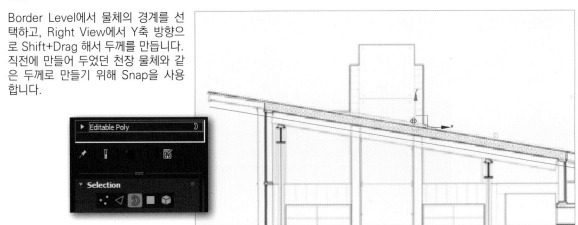

24 선택 Lock

우선 현재 선택된 Border의 선택이 풀리지
않도록 Lock[Space bar]을 걸어줍니다.

25 Snap 사용

Snap [Vertex or Endpoint]를 사용해서 직
전에 만들어 두었던 천장 물체의 아래쪽 면
에 현재 선택된 Edge를 맞춰서 같은 두께로
만들어 줍니다.

26 Bridge로 면 만들기

Edge Level로 전환해도 Border에서 선택된 부분이 그대로 유지됩니다.
양끝의 짧은 Edge를 선택 해제하고 Bridge 명령을 실행하면, 면이 만들어지면서 열린 부분을 막아 줍니다.

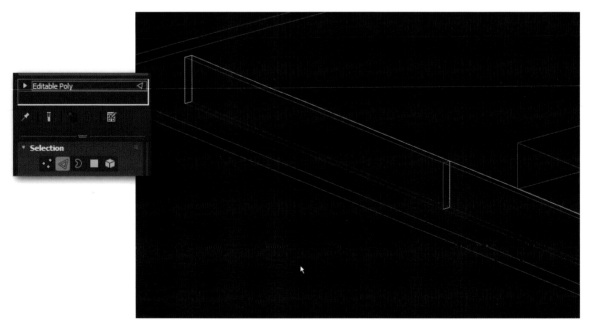

27 Visibility 수정

형태가 만들어지면 Object Properties의 Visibility 옵션을 다시 "1"로 수정해서 물체가 Rendering 되도록 만들어 줍니다.

28 위치 조절

물체의 축을 물체 중앙으로 옮기고, Front View에서 도면에 표시된 나무 패널의 가장 왼쪽 위치로 이동시켜 줍니다.

29 복사를 위한 Plugin

하나의 물체를 일정 간격으로 여러 개 복사할 때 사용하면 좋은 무료 Plugin이 있습니다.
Itoosoft [www.itoosoft.com]의 Free Plugins 중 Clone Modifier를 3ds Max 버전에 맞게 사용해 보세요!

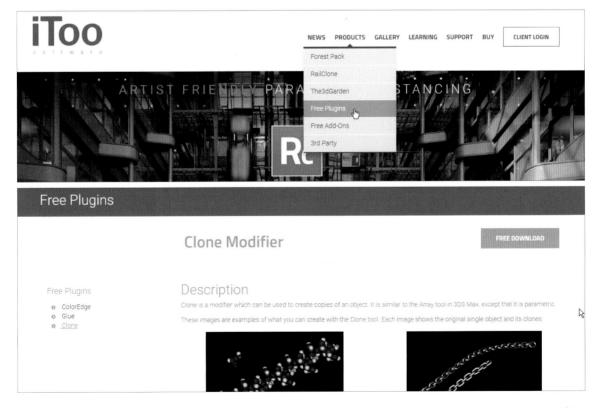

30 복사를 위한 MCG

비슷한 기능의 MCG를 설치해서 사용할 수
도 있습니다.
무료로 받을 수 있고 설치도 Scripting 메뉴
에서 쉽게 할 수 있죠!

원하는 MCG 파일을 인터넷에서 구해서 하나의 폴더에 모아놓고, 필요할 때 Install 해서 사용하는 것이 좋습니다.
물체를 원하는 간격으로 복사해주는 여러 개의 MCG 중에서 MCG_Cloner_2D를 사용하면 앞에서 소개한 Clone Plugin과
비슷한 작업이 가능합니다.

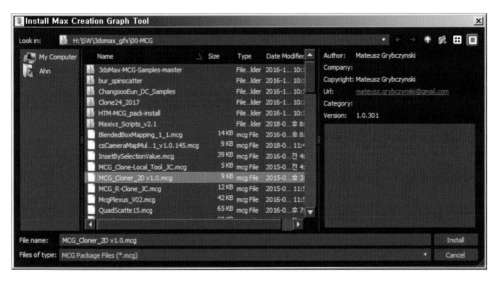

설치된 된 MCG_Cloner_2D는 Modifier 목록에서 선택된 물체에 바로 적용해서 확인해 볼 수 있습니다.

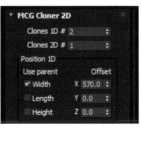
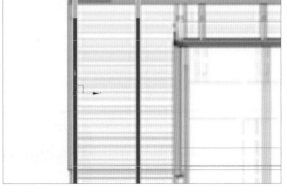

31 형태에 맞게 수치 조절

물체의 개수와 간격 수치를 조절하면서 이미지 도면의 패널 위치에 맞춰줍니다.

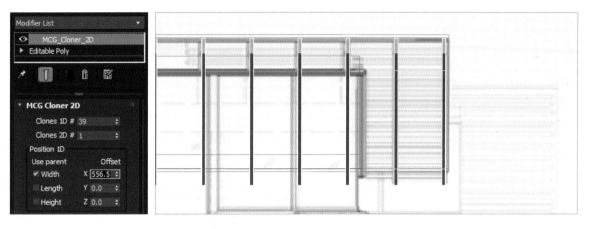

일정한 간격으로 복사된 형태를 확인하면 아래 그림 같이 되겠죠!

32 불필요한 Polygon 선택

Edit Poly modifier를 추가해서 지우고 싶은 Polygon을 선택합니다. (안쪽 영역의 Polygon 선택)

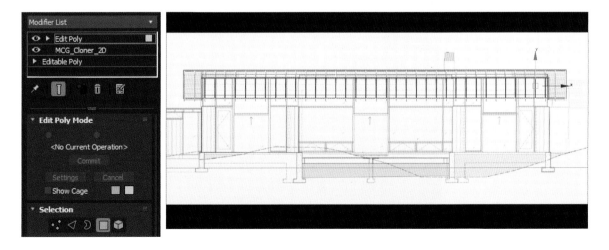

33 Cap 명령 사용

면을 지우면서 생긴 열린 부분을 Border Level에서 모두 선택하고 Cap 명령으로 막아줍니다.

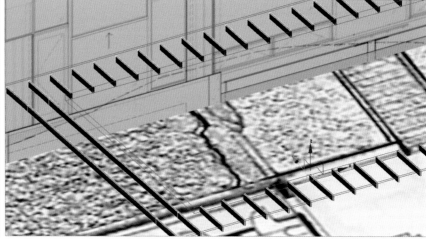

34 Detach해서 필요한 부분 떼어내기

뒤쪽의 짧은 패널을 모두 선택해서 Detach 합니다.

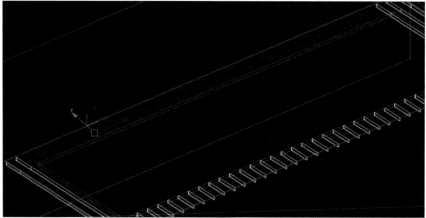

떼어낸 물체의 측면을 선택하고 삭제합니다.

35 Shell로 두께 만들기

Shell Modifier를 적용하면 면의 Normal 방향으로 두께가 만들어집니다. 한 곳에 2개의 패널이 반복되는 형태가 됩니다.

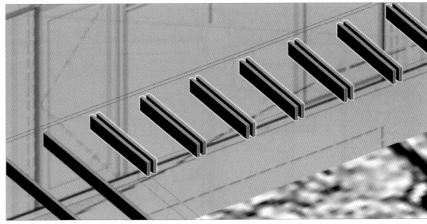

36 새로운 물체 만들기

이전 패널을 선택하고 방금 만든 물체를 Attach한 후 안쪽 천장 물체는 선택해서 Visibility 옵션을 "1"로 수정합니다.

Polygon Level에서 물체의 아랫면을 선택한 후, "Detach As Clone" 옵션으로 Detach 합니다.

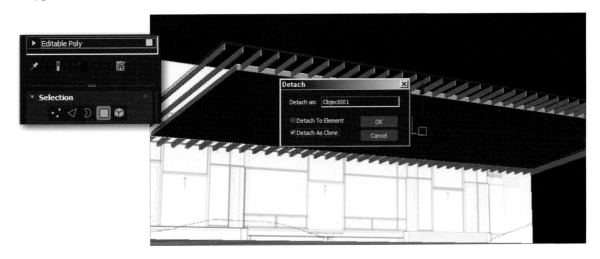

37 Detach한 물체를 이용한 형태 만들기

내부 천장에 일정한 간격으로 붙어있는 나무 패널을 만들어 봅니다. Detach한 물체를 Right View에서 확인하고, 아래의 그림과 같이 왼쪽 끝부분에 Edge를 추가합니다. 나무 패널의 형태가 창틀과 만나는 부분에서 끝나야 하므로 그 위치에 Chamfer modifier로 Edge를 추가합니다. (Open 옵션으로 위치를 확인하면 편해요!)

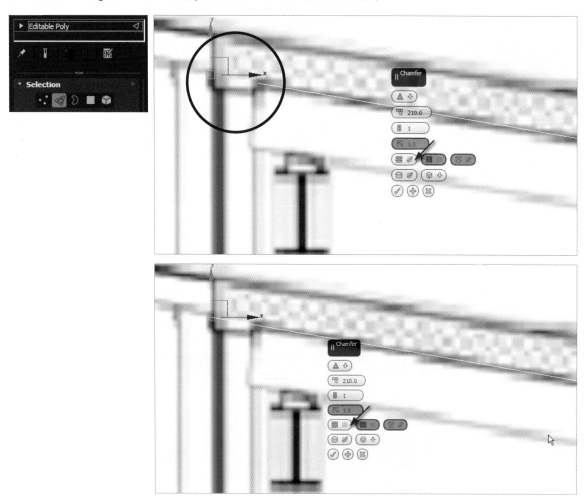

38 Polygon Detach

반대쪽도 도면에 맞게 Edge를 추가합니다. 양쪽 Polygon은 다른 물체를 만들기 위해 Detach로 떼어둡니다.

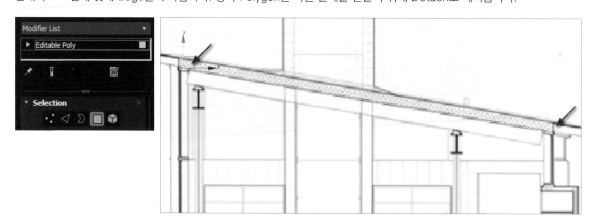

39 Shell 명령으로 두께 만들기

Shell 명령을 적용해서 도면에 맞게 두께를 만들어 줍니다.

40 필요한 면 남기기

측면 Polgon 한 면만 남기고
나머지 면을 모두 삭제합니다.

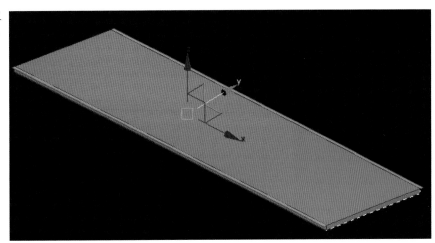

41 위치 조절하기

우선 현재 물체의 중앙으로 축
을 이동하고, 오른쪽 그림처럼
먼저 만들었던 나무 패널의 위
치에 Snap으로 정렬시킵니다.

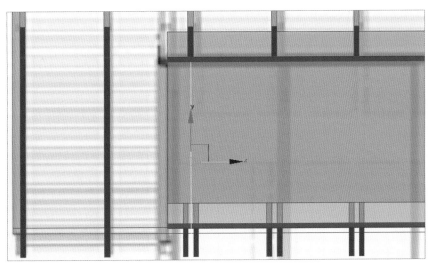

42 Shell로 두께 만들기

Shell modifier를 적용해서 양쪽으로 두께를 줍니다.

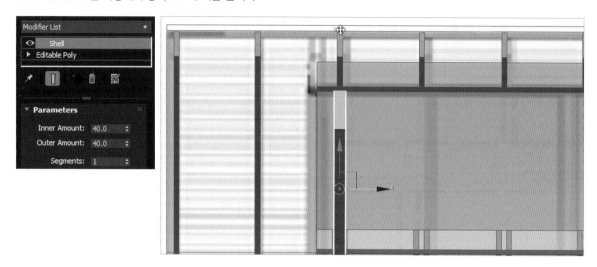

43 복사하기

MCG_Cloner_2D Modifier를 적용하고 개수와 간격을 조절해서, 직전에 만들어 둔 나무 패널 위치에 맞춰줍니다.

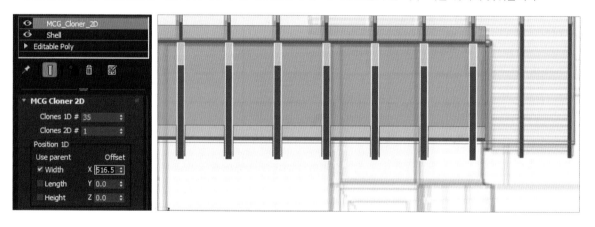

44 천장 아랫면 Detach하기

Window를 만들기 위해, 천장 물체의 아랫면을 선택해서 Detach합니다.

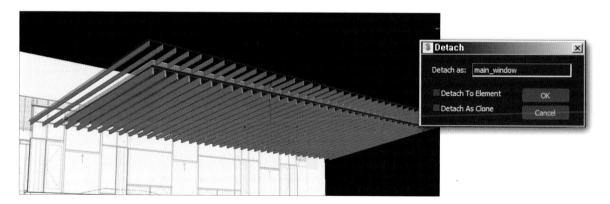

45 Border로 벽면 만들기

Detach로 떼어낸 물체의 Border를 선택하고 Z축 방향으로 Shift+Drag해서 새로운 면을 만듭니다.

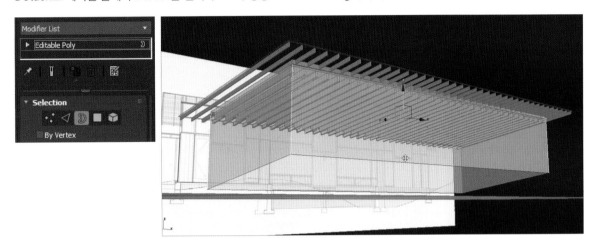

46 Border 위치 조절

Perspective View에서 선택된 Border를 Z축 방향 평면으로 만듭니다. Front View에서 1층 바닥면의 높이에 맞춥니다.

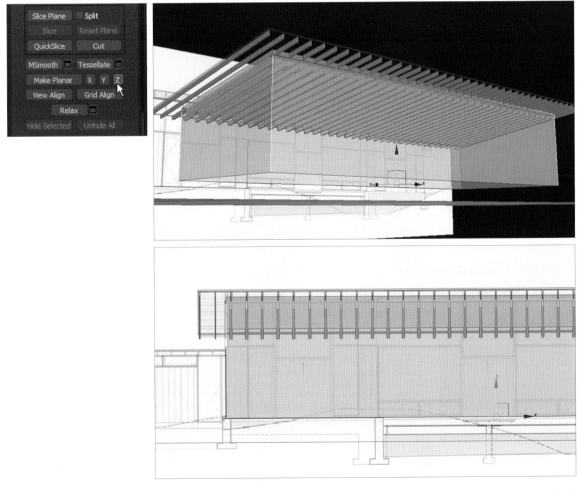

47 면의 방향 바꾸기

물체의 Polygon을 모두 선택해서 Flip 명령을 실행합니다.

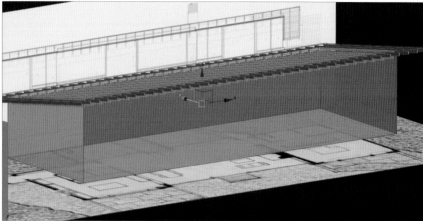

48 천장면 Detach

천장 쪽 Polygon만 선택해서 Detach 해 두고, 나중에 건물 내부의 천장면을 만들 때 사용합니다.

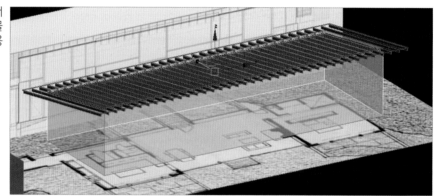

49 Edge 선택

건물 아래의 기초 부분인 콘크리트 구조물을 만들기 위해 아래 그림과 같이 물체 앞쪽의 Edge를 선택합니다.

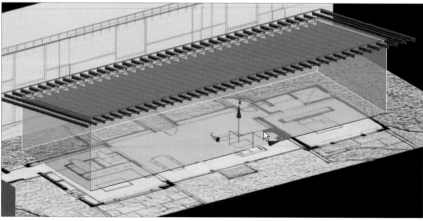

50 새로운 면을 만들고 Detach

Front View에서 Y축 방향으로 Shift+Drag해서 새로운 면을 만들고, 해당 Polygon을 Detach합니다.

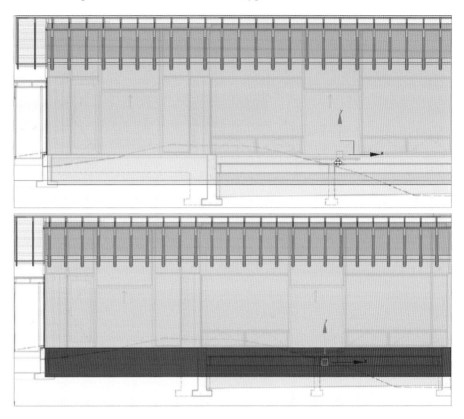

51 새로운 면을 만들기

건축물 아래 왼쪽 콘크리트 형태에 맞게 Edge를 조절하고 Shift+Drag로 면을 만들어 갑니다.

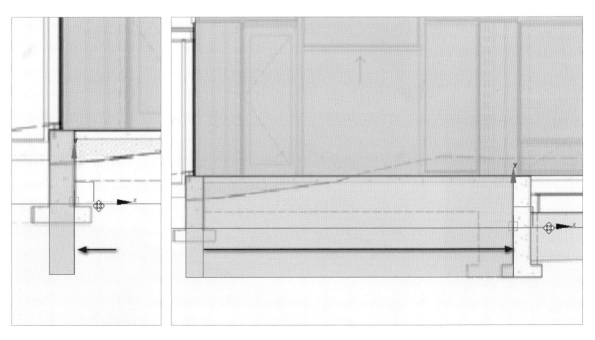

52 불필요한 면 지우기

오른쪽 부분까지 Edge를 Drag
해서 새로운 면을 만든 후, 중간
의 불필요한 Polygon은 삭제합
니다.

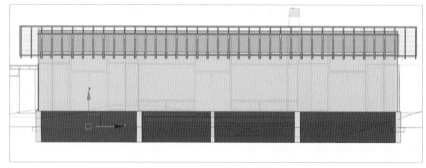

53 형태 조절

중앙의 기둥 형태는 도면에 맞게
크기를 조절해 줍니다.

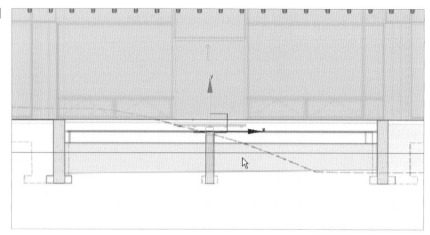

54 물체의 축은 중앙으로

형태가 만들어지면 물체의 축을 중
앙으로 이동시킵니다. 단축키를 지
정해 두는 것이 좋겠죠.

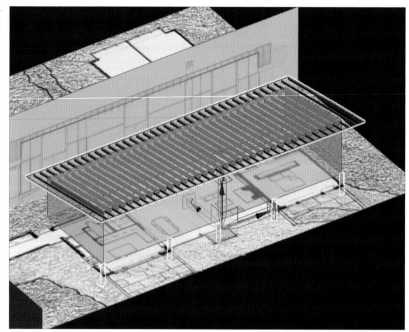

55 형태 만들기

먼저 Shell modifier를 적용해서 두께를 만들고 안쪽 면이 선택되도록 옵션을 체크합니다.

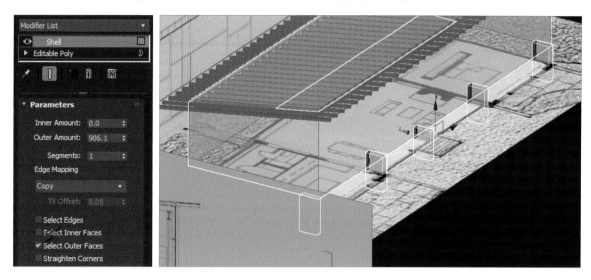

물체를 Editable Poly로 Convert하고, Polygon Level로 가면 Shell 옵션에서 체크한 안쪽 면이 이미 선택되어 있습니다. Snap 명령으로 건물 뒤쪽 모서리에 맞춰줍니다.

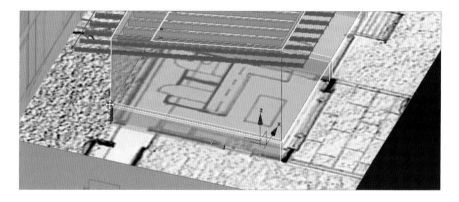

56 Edge 추가

Left View에서 가로방향 Edge를 Drag로 모두 선택하고 Connect 명령을 적용합니다.

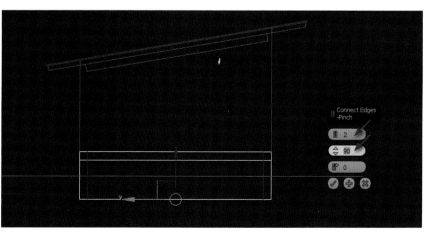

57 Edge 추가

Edge 추가가 필요한 부분은 Front View에서 뒤쪽에 겹쳐진 Edge까지 Drag로 선택합니다. Connect 명령으로 Edge를 추가하고, Snap을 이용해서 가운데 기둥의 위쪽에 위치를 맞춰줍니다.

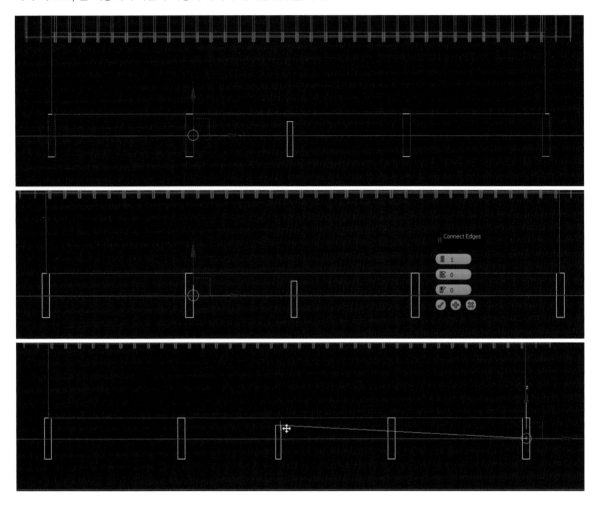

58 Polygon 선택

가운데 기둥의 양쪽에 있는 기둥에서 아래의 그림과 같이 Polygon을 선택합니다. 모서리의 사각형 부분은 제외해서 공간이 남겨지도록 합니다.

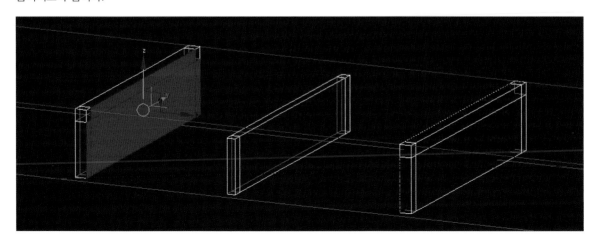

59 Extrude 하기

선택된 면을 Extrude 해서 도면에 맞춥니다.

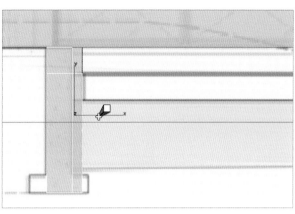

60 Bridge로 바닥 연결하기

아래 그림과 같이 위쪽 Polygon만 선택하고 Bridge 명령으로 연결합니다. 반대쪽도 같은 형태를 만듭니다.

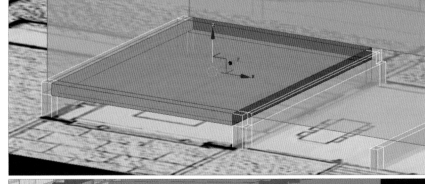

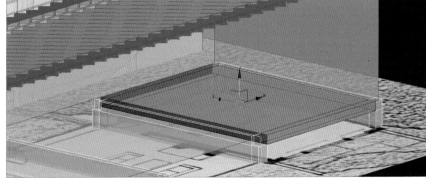

61 Polygon 선택

건물 앞쪽으로 보이는 콘크리트 구조물 형태를 만들기 위해 해당 부분의 Polygon을 그림과 같이 선택합니다.

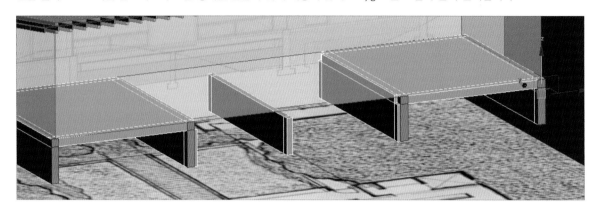

62 Extrude로 형태 만들기

도면을 참고해서 Extrude하고 모양을 만들어 갑니다.

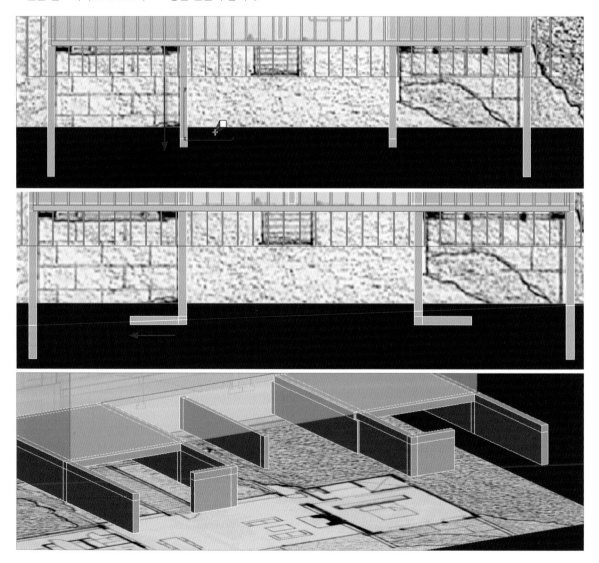

63 Polygon 복사하기

호수 중앙의 콘크리트 구조물을 만들기 위해 비슷한 크기의 Polygon을 선택하고 Shift+Drag로 복사합니다.

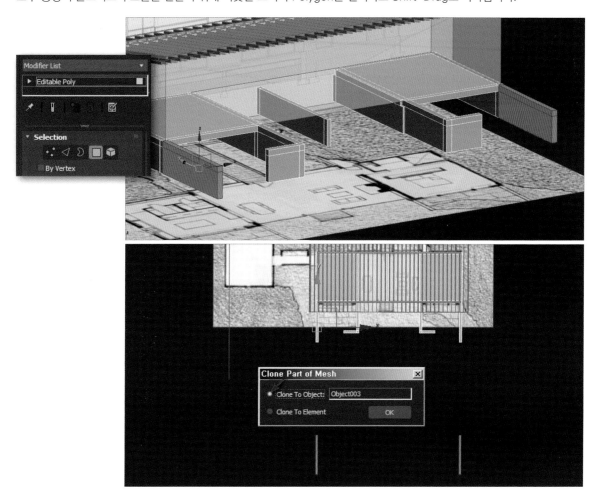

64 Window와 Door 기본물체

Wiindow와 Door를 만들기 위해 필요한 물체만 선택하고 Isolate Selection 합니다.

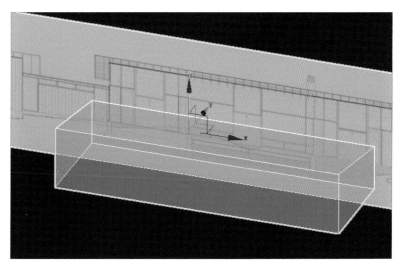

65 선택된 Polygon Detach

Window 물체의 Polygon Level에서 정면 Polygon을 선택하고 왼쪽으로 Shift+Drag해서 새로운 물체를 만듭니다.

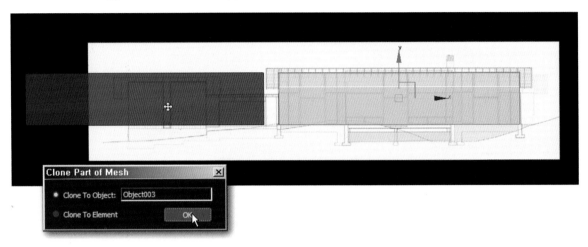

복사된 물체의 오른쪽 끝을 Window 물체에 Snap으로 맞춰줍니다.

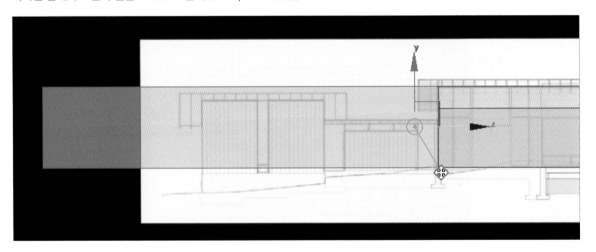

66 Edge 위치 수정

복사된 물체의 왼쪽 Edge를 도면의 왼쪽 건물 끝에 맞춰서, 두 건물을 연결하는 Bridge 형태에 맞게 크기를 조절합니다.

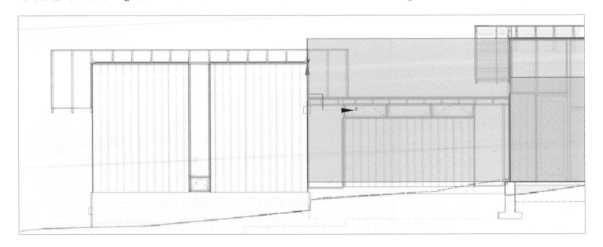

67 Edge로 새로운 면 만들기

왼쪽 Edge를 Shift+Drag해서 건물 끝까지 새로운 면을 만들고, 연결통로에 해당하는 Polygon은 Detach합니다.

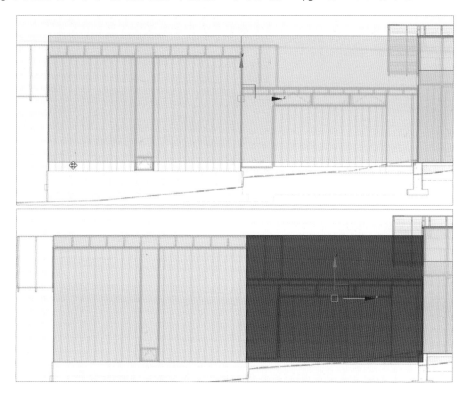

68 형태 수정

연결통로와 왼편 건물의 Edge 높이를 도면에 맞게 조절하고, 정면 도면과 Window 기본 물체만 보이게 합니다.

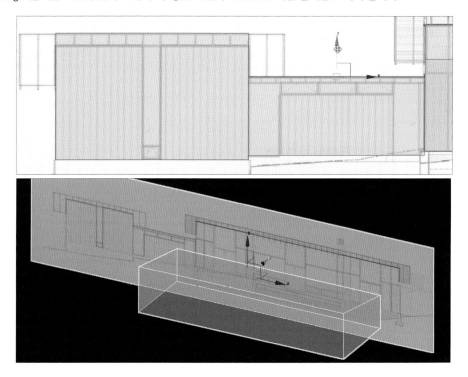

69 Chamfer

뚫려 있는 아래 Border를 선택하고
Chamfer해서 새로운 Edge를 만듭
니다.
중앙 Edge는 측면 도면을 참고해서
높이를 창 높이로 조절합니다.

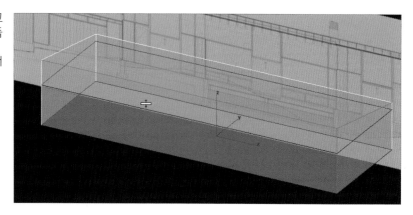

70 Split으로 분리하기

모서리 Edge를 선택하고 Split으로
분리시켜 줍니다.

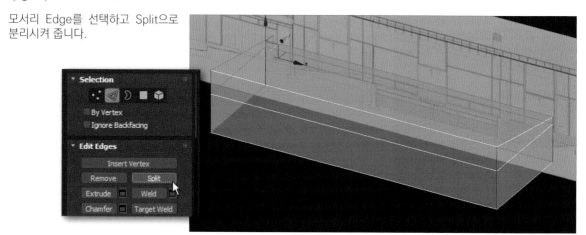

71 Detach

Element Level에서 앞쪽 면을 선택하고 정면 Window와 Door를 만들기 위해 Detach합니다.

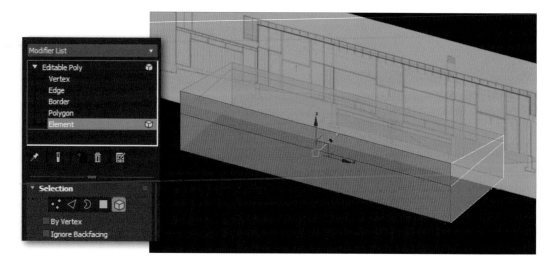

Chapter 06 Window & Door

이 건축물의 외벽 대부분은 유리창과 그 유리를 고정하는 프레임으로 되어 있습니다.
어떻게 하면 이 유리와 프레임을 편하게 만들 수 있을지 먼저 고민해 봐야겠죠!

"어떤 방식으로 만들까?"

원하는 형태를 만들기 위한 다양한 Modeling 방법이 있습니다. 알고 있는 방법이 무엇인가에 따라서 쉽게 만들 수도 있고 어렵게 만들 수도 있죠. 쉽게 만들면 그만큼 시간을 절약할 수 있습니다.
작업 시간을 줄이고 효율적으로 작업하기 위해서 만들려고 하는 물체 형태를 우선 파악하고, 기본 기능을 이용할 것인지 Plugin을 활용할 것인지도 결정합니다.

여러분은 결정하셨나요? 창과 창 프레임을 어떤 방법으로 만들어야 할지!
정리가 끝났다면 과감하게 작업을 시작해 볼까요!

01 Isolate Selection

Viewport에 도면과 떼어낸 물체만 보이도록 두 개의 물체를 선택해서 Isolate Selection 합니다.

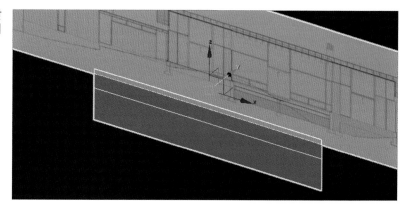

02 Swift Loop

물체를 선택하고 Swift Loop 명령을 실행합니다. (자주 사용되는 명령으로 단축키를 지정해두면 좋아요)

건물의 정면에는 위쪽으로 열리는 3개의 Vertical Sliding Door가 있습니다. 각 Door의 가운데 부분에 새로운 Edge를 추가합니다.

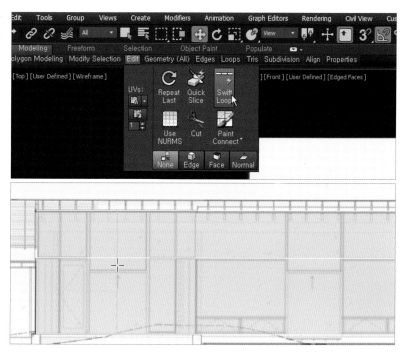

03 Edge Chamfer

추가된 3개의 Edge 위치를 Door의 중심에 맞게 조절합니다.

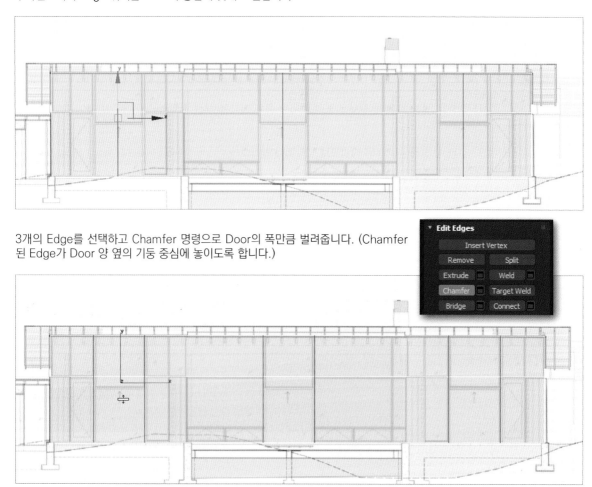

3개의 Edge를 선택하고 Chamfer 명령으로 Door의 폭만큼 벌려줍니다. (Chamfer 된 Edge가 Door 양 옆의 기둥 중심에 놓이도록 합니다.)

04 Edge 위치 수정

Edge의 위치가 기둥 가운데에 있는지 확인하고 수정합니다.

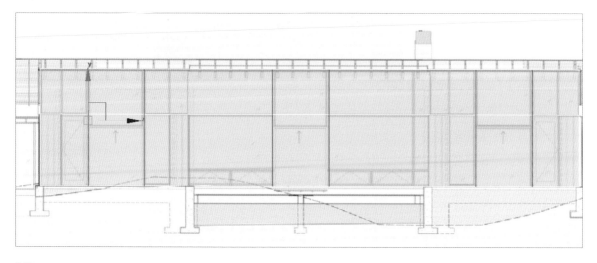

05 Edge Chamfer

Chamfer 된 6개의 Edge를 모두 선택하고, 프레임 두께만큼 다시 Chamfer 해서 Split 명령으로 분리합니다.

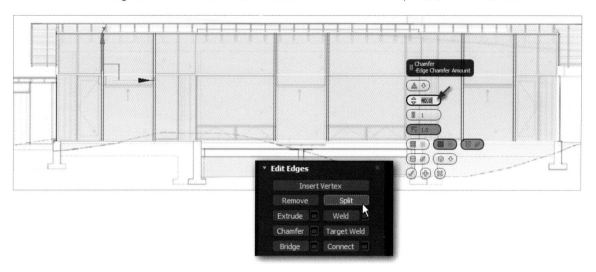

06 Edge Connect

Door의 가로 방향 Edge를 선택하고 프레임 위치로 이동시킨 다음, Chamfer로 프레임 두께를 만들어서 Split 합니다.

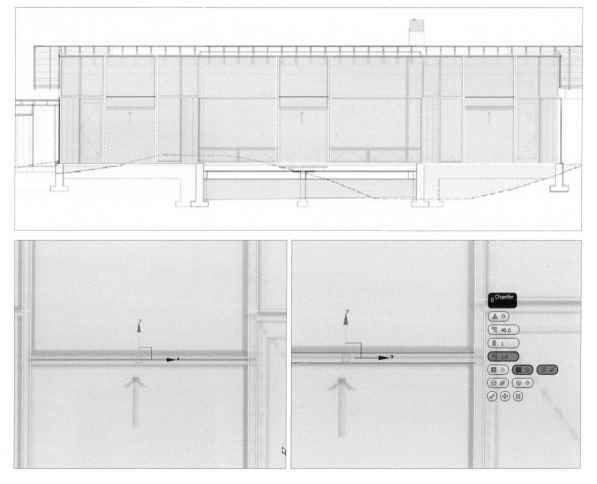

07 Edge 나누기

나머지 부분들도 도면 이미지의 프레임의 형태에 맞게 선을 나누고 Split 명령을 차례로 적용합니다.

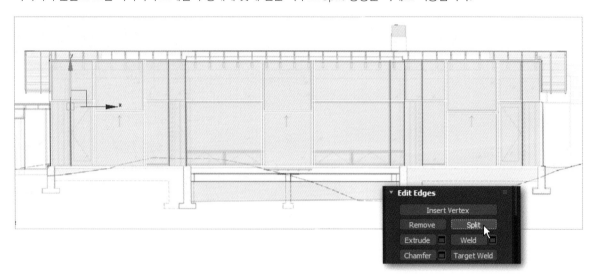

바닥 쪽의 개폐되는 창문 형태를 만들기 위해 가로 방향으로 Edge를 추가해서 위치를 맞춘 후 Split 합니다.

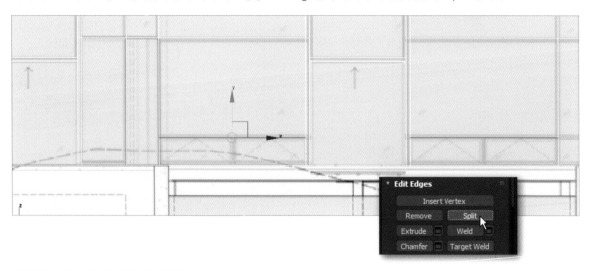

수직으로 Edge를 나누고 Split 합니다.

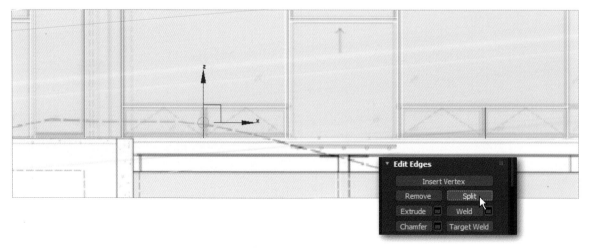

08 Frame Detach

프레임의 형태를 모두 만들고 Split으로 분리했다면, 수직 프레임을 먼저 선택해서 Detach 합니다.

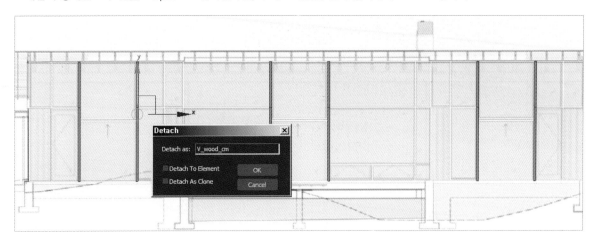

수평 프레임 3개도 선택해서 Detach 합니다.

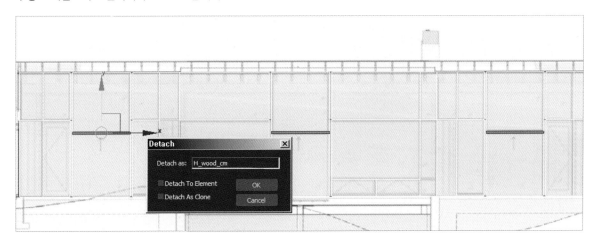

09 Door Detach

2개의 Door와 3개의 Vertical Sliding Door에 해당하는 Polygon을 각각 선택하고 Detach 합니다.

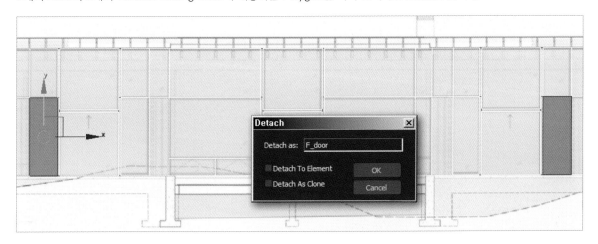

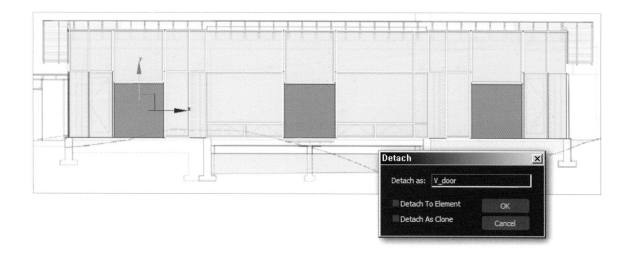

10 Wood Detach

유리가 아닌 나무 재질 부분을 모두 선택해서 Detach 합니다.

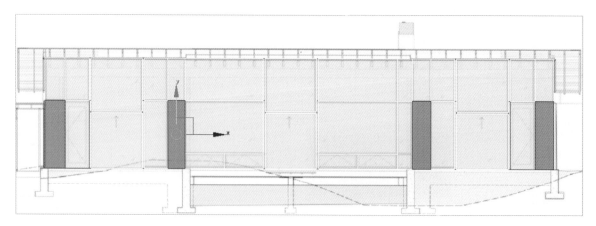

11 측면 Window Detach

Isolate Selection을 해제하고, Window 기본 물체에서 양 측면의 위쪽 면을 선택해서 Detach 합니다.

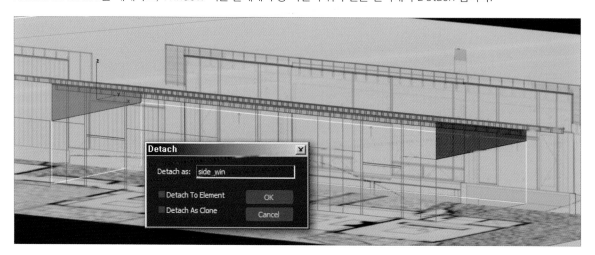

12 측면 Wood Detach

양 측면의 아래쪽은 나무 재질입니다. 선택해서 Detach 합니다.

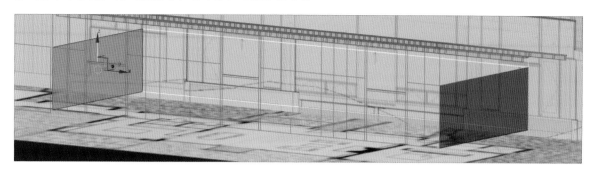

13 뒷면 분할 & Extrude

남아있는 뒷면도 형태에 맞게 면을 나눠줍니다. Top View에서 [Shift+Alt+마우스휠버튼]으로 Viewport를 살짝 기울이면 도면 이미지를 보면서 물체에 Edge를 추가할 수 있습니다. 문의 위치와 벽면 형태에 맞게 면을 나눠줍니다.

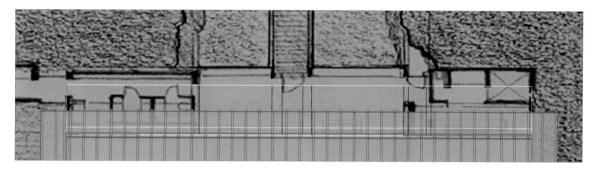

참고 사진에서 건물의 배면을 보면 금속 재질의 벽면이 유리창보다 튀어나온 형태입니다. 이 부분의 Polygon을 선택해서 Exturde 하고 Top View에서 도면에 맞게 두께를 조절합니다.

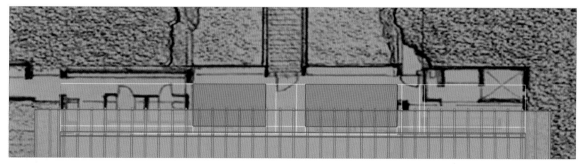

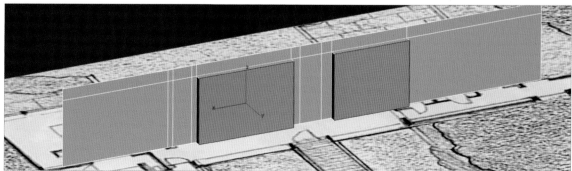

14 뒷면 Window & Door Detach

뒷면의 유리 부분은 Door를 기준으로 나눠줍니다. 유리와 Door 부분을 함께 선택해서 Detach해 둡니다.

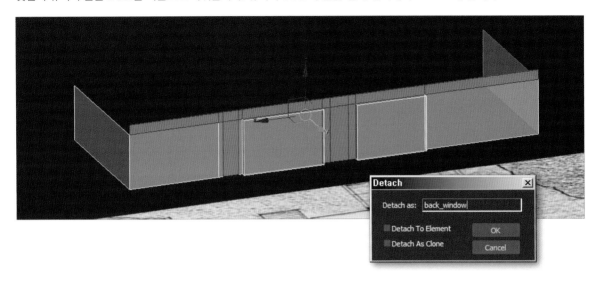

15 불필요한 Edge 정리

유리창의 프레임을 만들기 전에 불필요한 Edge는 삭제합니다.

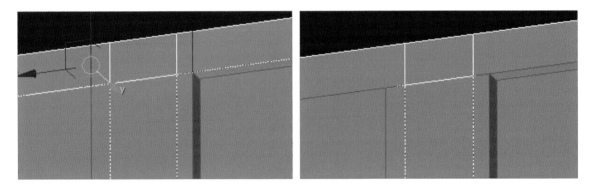

16 뒷면 Window 면 분할

건물의 배면 사진을 확인해서 유리창의 프레임 위치마다 Edge를 추가해 줍니다.

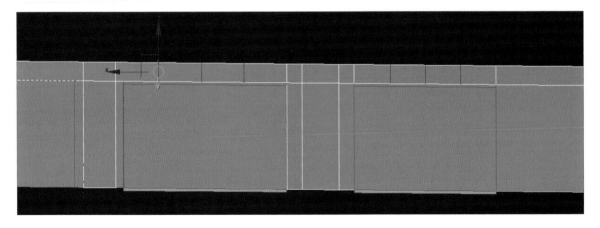

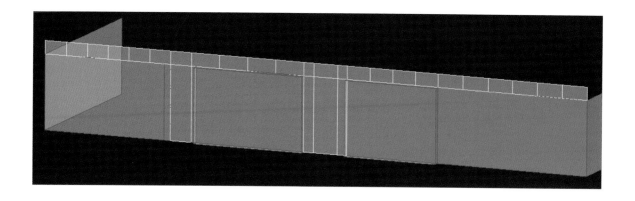

17 재질이 다른 부분 Detach

금속 재질의 돌출된 부분을 Detach하고, Wood 재질의 벽면도 따로 Detach합니다.

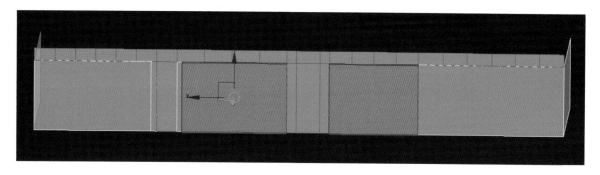

18 높이 맞추기

금속과 유리 물체를 같이 선택해서 Edit Poly modifier를 적용합니다. 아래 그림과 같이 Vertex 선택한 다음, 선택된 부분을 건물 정면의 Door 높이에 맞춰줍니다. (배면에 대한 자료가 많지 않아서 최대한 실물에 가깝도록 추측해서 만든 부분입니다. 이 부분은 여러분의 개인적인 생각에 맞춰 진행하시면 됩니다.)

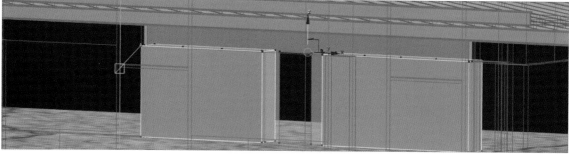

19 Wood 재질 물체만 선택

장면에 물체들이 모두 보이게 하고 Wood 재질의 물체만 선택해서 Isolate Selection 합니다.

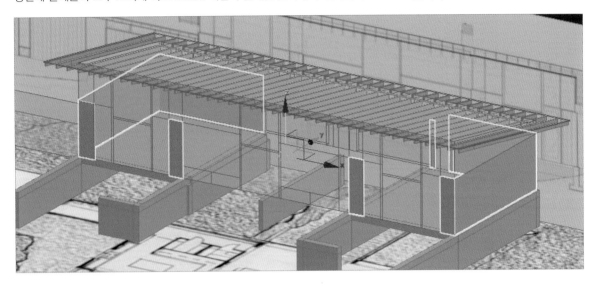

20 Attach로 한 물체 만들기

여러 개의 Wood 물체를 Attach해서 하나의 물체로 만듭니다.

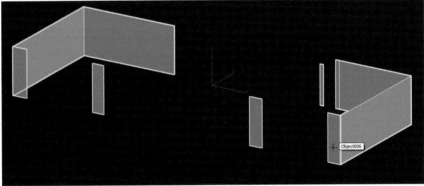

합쳐진 Wood 물체를 선택
하고 Object Properties 명
령을 실행합니다.

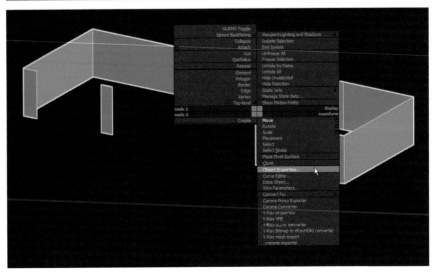

21 면의 방향 확인

Display Properties 〉 Backface Cull 옵션을 선택하고 창을 닫으면 면의 방향을 확인할 수 있습니다.
면의 안쪽은 투명하게 보이고 바깥쪽은 회색으로 보이게 되죠!
아래의 그림처럼 면의 방향이 모두 바깥쪽을 향하고 있다면 그대로 진행하면 됩니다.

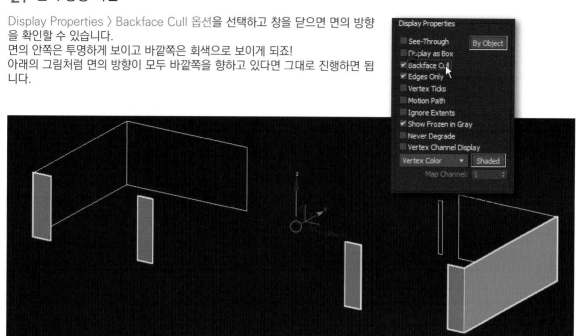

22 Vertex Weld

Attach한 물체의 모든 Vertex를 선택하고 Weld 명령을 실행해서 같은 위치의 점을 붙여줍니다.

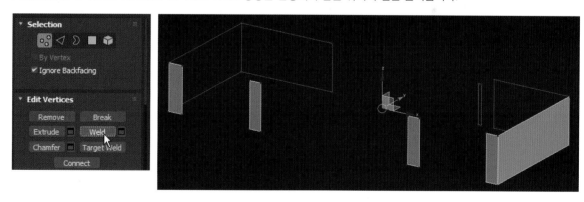

아래의 그림처럼 면이 이상하게 보이면, Polygon을 모두 선택해서 Smoothing Groups를 없애줍니다.

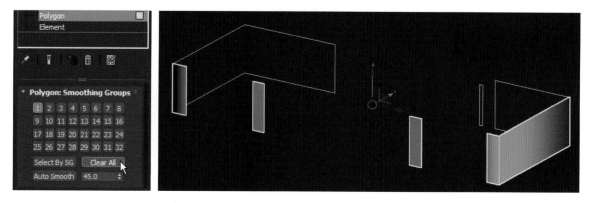

23 Wood 벽면 두께 만들기

Shell modifier를 적용해서 안팎으로 두께를 만들어 줍니다. 이 때, 모서리 부분이 직각이 되도록 Straighten Corners 옵션을 선택하세요!

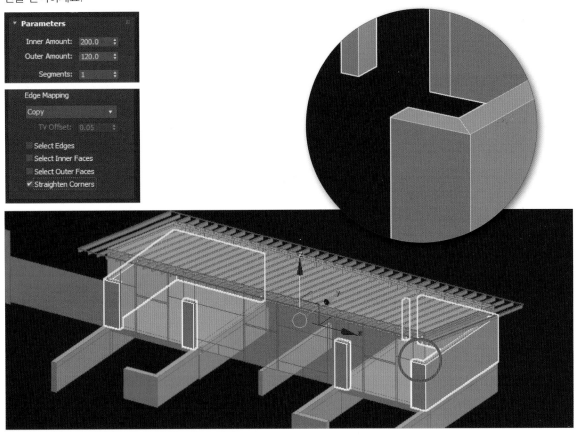

24 외부 바닥물체

건물 하단에 만들어 두었던 Concrete 물체에서 아래 그림과 같이 Polygon 면을 선택하고 Shift+Drag로 복사합니다.

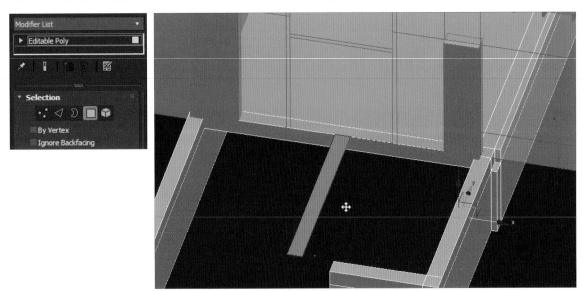

25 바닥 형태 만들기

복사해서 떼어낸 물체의 형태를 수정해서 바닥 형태를 만듭니다.

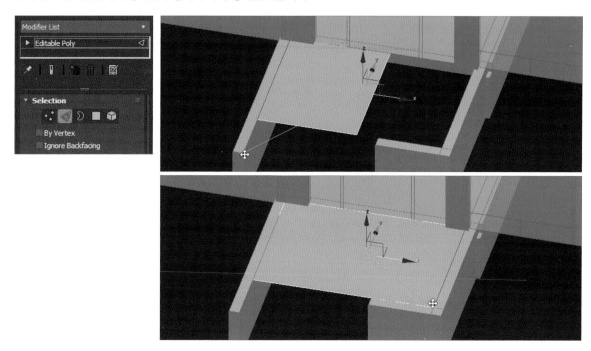

26 Plane 수정

Edge를 Shift+Drag해서 오른쪽 바닥을 만들고 가운데 Polygon은 삭제합니다.

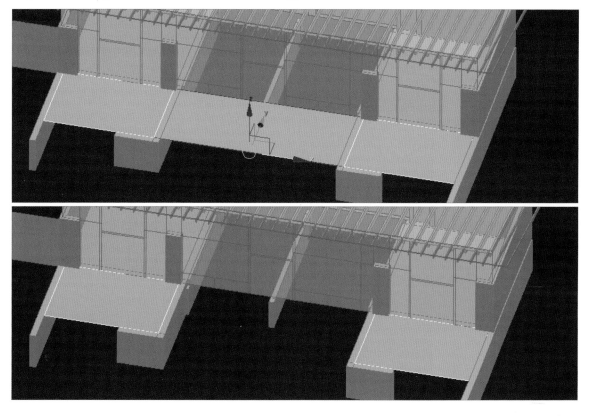

27 내부 바닥 만들기

Concrete 물체에서 가운데 부분의 서로 마주보는 Polygon을 선택하고 Bridge로 연결합니다.

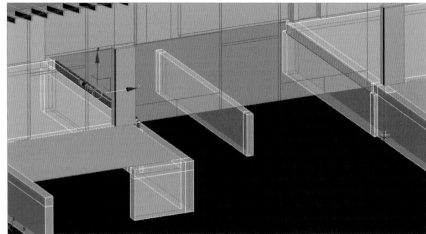

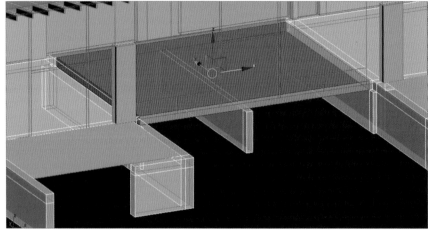

28 Detach

Bridge로 만들어진 부분 중에서 앞면을 선택하고 Detach 복사합니다.

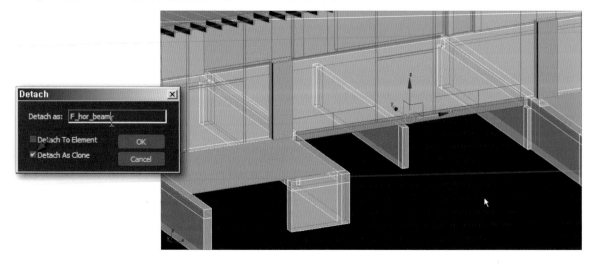

29 물체 크기 맞추기

떼어낸 물체의 Edge를 이동해서 아래 그림과 같이 옆의 물체면에 맞춰 줍니다.

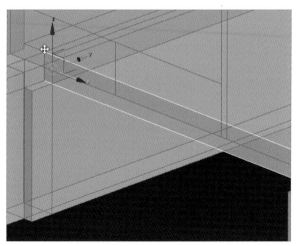 

30 두께 만들기

Shell modifier로 두께를 주고 Editable Poly로 변환한 후, 앞면을 선택해서 옆에 있는 물체의 튀어나온 부분에 맞춰 줍니다.

 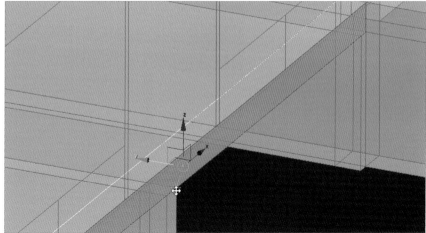

Chapter 07 주변 형태 만들기

메인 건물의 기본 형태들이 완성되어 가고 있네요!
이제 왼쪽에 있는 작은 건물, 그리고 메인 건물과의 연결통로를 간단한 형태로 만들 시간입니다.

"기본 형태는 간단하게!"

지금은 작은 건물과 연결통로의 간단한 형태만 만들어 두고, 다음 과정에서 메인 건물과 함께 디테일을 추가해 주도록 합니다.
간단한 Box 형태로 벽면을 만들고 기울어진 지붕과 건물 아래의 콘크리트 구조 정도만 만들어 두면 쉽게 작업이 진행되죠!

글로 설명된 Modeling 과정을 읽고 따라 하는 것이 쉽지 않죠?
그래도 기본 형태가 어느정도 완성된 후, 디테일을 추가하는 작업에 이르면 좀 더 수월하게 작업을 진행할 수 있습니다. 완성
되어가는 형태를 볼 수 있어서 가시적인 결과에 따른 심리적 보상이 생기기도 하고, 틀을 만드는 과정보다 이미 만들어진 틀
을 보완하는 과정은 고민없이 조금 더 빠르게 작업할 수 있기 때문이죠. 조금만 더 힘내 보세요!

01 Select

측면 건물과 연결하는 연결통로 물체
를 선택합니다.

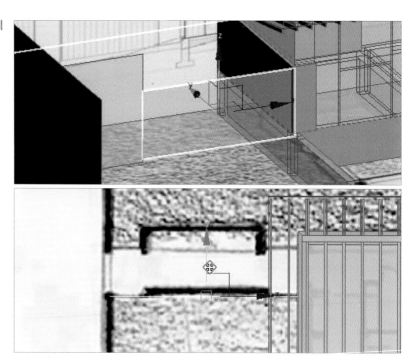

02 형태 만들기

Shell modifier로 두께를 만들고 Ed-
itable Poly로 형태를 조절합니다 .

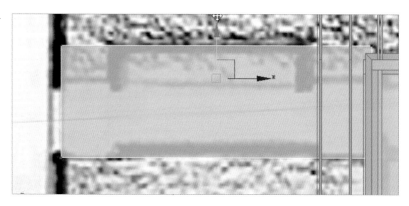

03 측면 건물 형태 만들기

측면 건물을 만들기 위해 Detach 해 둔 물체에 두께를 적용하고 Top View에서 크기를 맞춥니다.

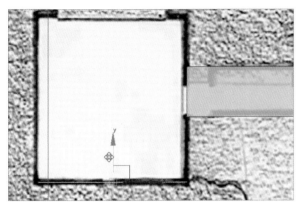 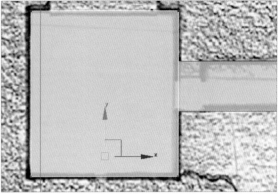

04 지붕 형태

메인 건물의 지붕 기울기에 맞게 측면 건물의 지붕 기울기를 조절하고, 건물 밑면을 Detach로 복사합니다.

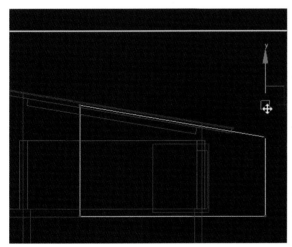 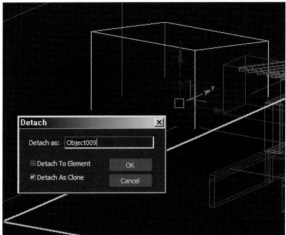

05 기초 콘크리트 형태

Detach한 물체에 Shell 명령으로 두께를 주고 측면 건물의 기초 콘크리트 형태를 만듭니다.

 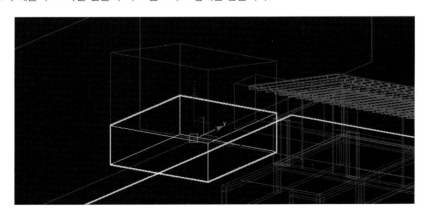

06 연결통로의 콘크리트 기초 만들기

연결통로의 밑면도 Detach로 복사하고, Shell modifier로 두께를 만들어 줍니다.

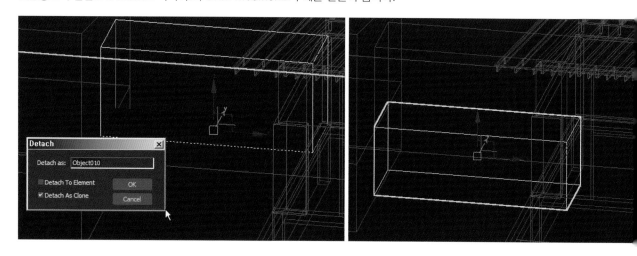

07 메인 건물 안쪽 Beam 만들기

메인 건물 내부의 구조물을 지지하는 Beam을 만들기 위해 Front View에서 Line 명령으로 건물 넓이의 직선을 만듭니다.

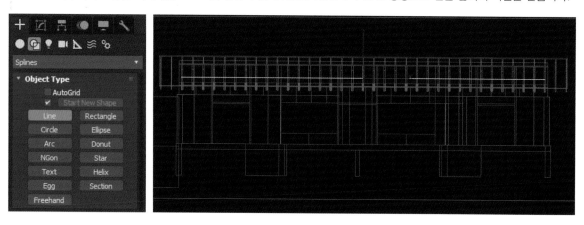

08 Line의 위치

만들어진 Line을 선택하고, Right View에서 Beam의 위치로 이동합니다.

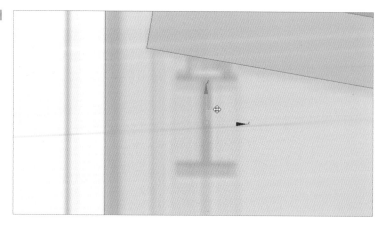

09 Line의 위치

Sweep modifier로 Beam의 반쪽 형태를 만들고, 물체를 복사해서 나머지 반쪽 형태를 만듭니다. 하나의 물체로 Attach 한 다음, 오른쪽에도 복사해서 배치합니다.

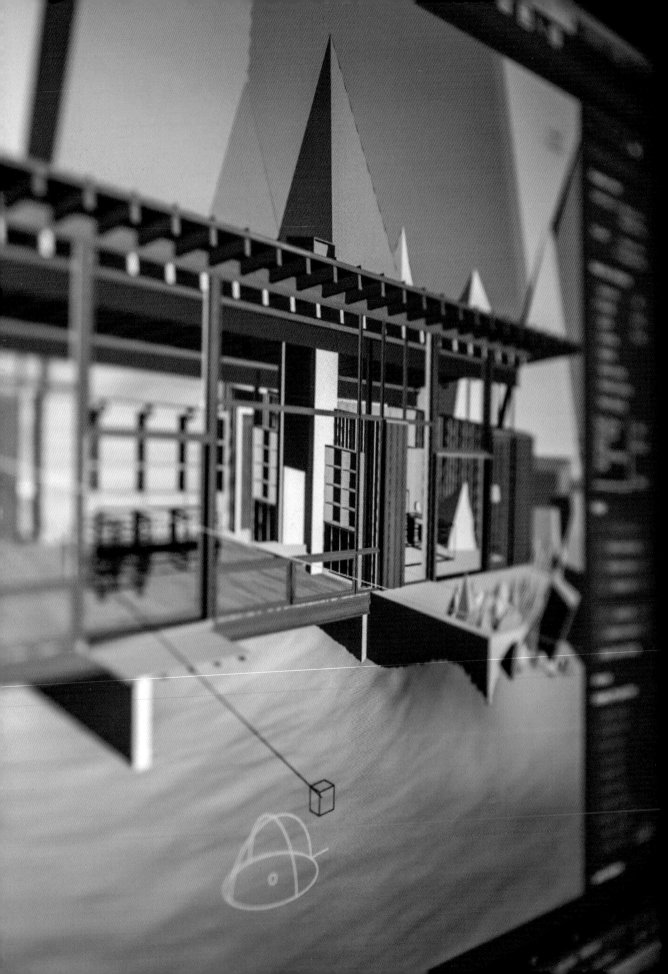

Modeling

기본 형태가 만들어지면 조금은 귀찮았던 초반 작업이 어
느 정도 마무리되고 있다고 할 수 있습니다. 이제 Detail
Modeling 과정에 들어가 봅시다.

Detail Modeling을 위한 효율적인 방식을 생각하는 것부
터 시작합시다. 경험이 많아질수록 각각의 상황에 적합한
Modeling 방식이 빨리 떠오르게 됩니다.

반복되거나 복잡한 형태를 만들 때 Plugin이나 Scripts,
MCG와 같은 Tool을 활용하면 큰 도움이 됩니다.
새로운 것을 처음 접하면 잘할 수 있을지 두렵기도 하고 익
숙하지 않아서 자꾸 버벅거리게 되는데요. 복잡한 기능을 모
두 습득하려고 하기보다 내가 필요한 부분만 먼저 사용해보
는 식으로 접근하면 좀 더 편하게 사용할 수 있습니다.

지금부터는 좀 더 즐기면서 작업해보도록 하죠.

Detail Modeling

작업하면서 늘 고민하게 되는 부분은 '도대체 어디까지 표현해야 하는가'입니다!
욕심을 낼수록 더 많은 시간과 노력이 필요하고, 어느 정도에서 마무리하면 부족한 부분이 눈에 보이죠.

그렇다면 얼마나 세밀해야 할까?

작업하는 스타일에 따라서 세밀함의 끝판왕인 사람도 있고, 필요에 따라 적절한 정도를 유지하면서 마무리하는 것이 익숙한
사람도 있습니다.
여러분은 어떤 스타일일까요?

많은 작업을 해보면서 느낀 점은, 좀 더 신경 써서 섬세한 부분까지 작업하면 미묘한 부분이지만 분명 차이가 느껴진다는 것
입니다. 그렇다면 끝없이 표현하는 것이 최선일까요?

Chapter 01 어디까지 표현할까?

지금까지 만든 기본 형태를 확인하고 이제 본격적인 Modeling을 시작해야겠네요!
물체의 형태가 복잡해지기 전에 재질 적용을 위한 맵 좌표를 지정해야 하기 때문에 지금부터는 작업 과정의 규칙을 정하고 진
행하는 것이 좋습니다.

"Modeling과 Materials"

기본 형태에서 세부적인 형태를 만들어 나가는 단계가 되면, Modeling 작업을 진행하면서 물체마다 해당 물체가 갖게 될 최
종 재질이나 비슷한 재질을 우선 적용해두는 것이 좋습니다. 이렇게 Modeling 단계에서 각각의 물체에 재질을 적용해두면
재질을 테스트하는 다음 단계를 좀 더 쉽고 빠르게 진행할 수 있습니다.
여러 개의 구성 요소를 가진 물체에는 "Mulit-Sub Object material"을 사용해서 한 번에 관련 재질을 관리할 수 있도록 하
면 편리합니다. 작업자마다 자신만의 방법이 있기 때문에 어떤 것이 정답이라고 말할 수는 없지만, 다른 사람은 왜 그런 방식
을 택하고 있는지는 작업 흐름을 보면서 참고하는 것도 좋습니다.

이전 작업에 이어서 본격적인 작업을 진행해 볼까요?
지금부터는 점점 완성도를 높여가는 과정이기 때문에, Test Rendering도 해 보면서 더 재미있게 작업을 진행할 수 있을 거예요!

01 Window Frame 두께

수직, 수평으로 만들어 둔 Window Frame에 두께를 적용합니다.

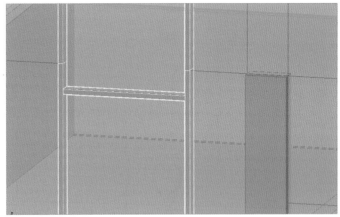

02 형태 확인

사진 자료와 비교해서 콘크리트 기초 물체의 가운데 앞면을 조금 뒤로 이동시켰습니다.
그 외에 잘못된 부분은 없는지 확인합니다.

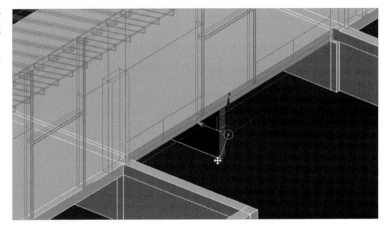

03 전체 느낌 확인

Perspective View에서 현재까지 완성된 형태를 확인합니다.
비슷해지고 있네요! ^^

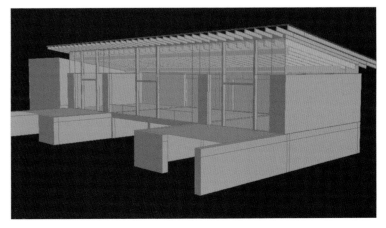

04 도면 확인

평면 도면에서 메인 건물 안쪽에 만들어야 할 것을 확인하고, 어떤 식으로 기본 형태를 만들지 생각합니다.

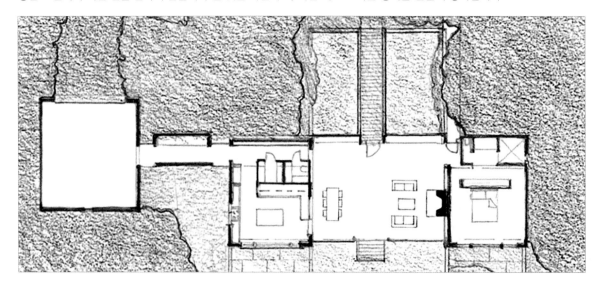

05 Interior 기본 형태

도면에 맞춰서 내부의 벽이나 큰 가구의 형태를 만들어 둡니다. 기본 물체인 Box 나 Plane을 사용합니다.
만들어진 물체의 높이는 우선 일반적인 수치로 적용하고 차후에 수정하는 것으로 합니다.

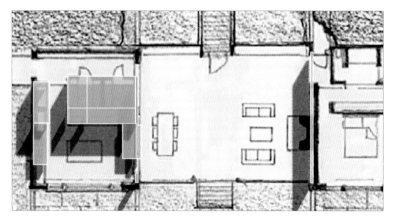

Chapter 02 Window

유리와 창프레임, 그리고 Door가 이 건물의 외벽을 이루는 구성요소의 대부분입니다. 하나하나 만들어 가기에는 반복되는 작업이 많아서 지루하기도 하고 너무 많은 시간이 필요할 것 같네요.

"그렇다면 어떤 방법을 사용할까?"

Frame의 단면을 Spline에 보내서 형태를 만드는 방법은 어떨까요?
한 번에 하나씩 만드는 방법이나 여러 개를 한 번에 만드는 방법이 있겠죠!
또, 3ds Max의 기본 명령인 Sweep modifier를 사용하는 방법과 Plugin을 사용하는 방법으로 Plugin이라면 Spline에 3D 형태를 보내서 원하는 모양을 만드는 Railclone 같은 Plugin도 있습니다

2가지 방법 중 가장 편하고 모양이 잘 나오는 방식을 선택하는 일만 남았네요. 실행해보지 않으면 형태에 따라서 오류를 확인할 수 없어서 그만큼 많이 해봐야겠죠!

01 Window Frame 단면

사진 자료에서 유리가 프레임에 고정되어 있는 형태를 확인합니다. 프레임의 단면을 살펴보면, 우선 기본 프레임이 있고 유리를 잡아주는 Frame이 유리 안팎으로 붙어있는 것을 확인할 수 있죠!

오른쪽 그림과 같이 Spline으로 Frame 단면을 만듭니다.

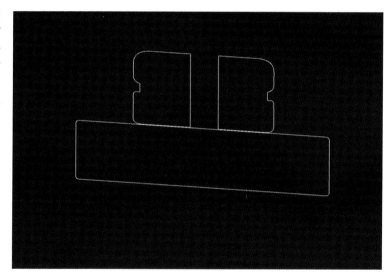

02 Extrude

RailClone 활용법을 설명하는데 사용하기 위해서 만들어진 Spline을 복사하고, Extrude modifier를 적용해서 3D 물체로 만들어 둡니다.

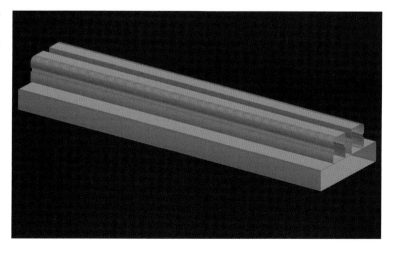

03 Window Frame 경로 만들기

정면, 측면, 배면의 Window 물체에서 Frame에 해당하는 Spline을 떼어내서 경로를 만들어 줍니다.
우선 정면의 Window 물체에서 각각 유리면의 Border를 선택하고, Create Shape으로 Spline을 만듭니다. 이렇게 닫힌 사
각형의 Spline으로 떼어낸 다음, 떼어낸 Spline을 모두 Attach 해서 하나로 만듭니다. 같은 과정을 측면과 배면 Window 물
체에도 적용합니다.(한 번에 만들 수 없기 때문에 여러 번 반복해서 겹쳐진 부분에 문제가 없도록 합니다.)

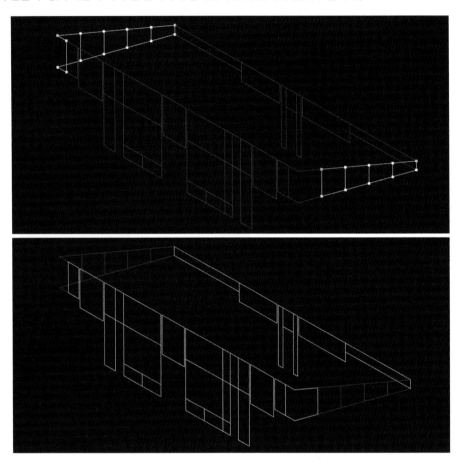

04 Window Frame 경로 확인

우선, 정면 유리 Frame의 Spline이 제대로 만들어졌는지 확인합니다.
Editable Spline의 Spline Level에서 Spline을 하나씩 선택해 보면, 각각의 Spline이 하나의 닫힌 사각형 형태를 갖추고
있어야 합니다.

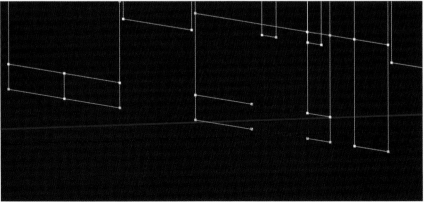

다른 부분의 Spline을 선택해서 움직여 보면 이미지와 같이 하나의 사각형 형태로 되어 있고 닫힌 상태입니다.
여러분이 제대로 따라 하고 있다면 모든 형태가 이렇게 독립적으로 구성되어 있어야 합니다.

Spline이 이렇게 정리되지 않으면 Sweep modifier를 적용했을 때 물체의 형태가 제대로 만들어지지 않습니다.

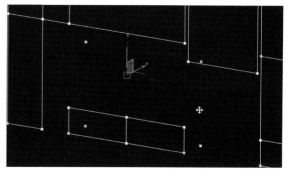

05 Spline 준비

정면 Window Frame부터 만들어 볼까요! 정면 Frame을 위해 만든 Spline의 양쪽 끝은 열려 있는 상태입니다.
측면 Window Frame이 사선으로 연결되기 때문에 연결해서 만들면 Frame 형태가 찌그러지기 때문입니다.
아래의 그림과 같이 만들어진 Spline에 단면 형태를 보내서 우리가 원하는 Window Frame을 만들어 봅시다!

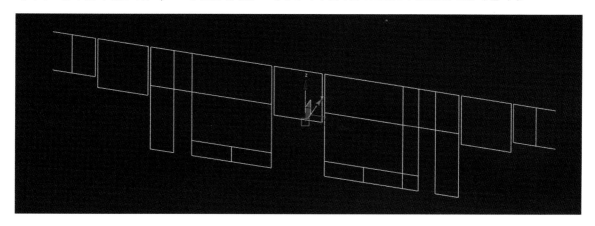

06 Sweep modifier로 Frame 만들기

3ds Max의 기본 기능에 속하는 Sweep modifier를 사용해서 Frame 형태를 만들어 보죠.
Spline에 Sweep modifier를 적용합니다.
Pick 버튼을 클릭하고, 만들어 둔 Window Frame Spline을 선택합니다. 원하는 형태를 만들기 위해서 옵션의 Pivot Alignment를 조절합니다.

07 형태 확인

만들어진 형태를 확인해 보세요! 한 번에 원하는 Frame 형태가 만들어졌나요?

프레임의 코너 부분 형태가 제대로 만들어졌는지 꼼꼼히 체크합니다.

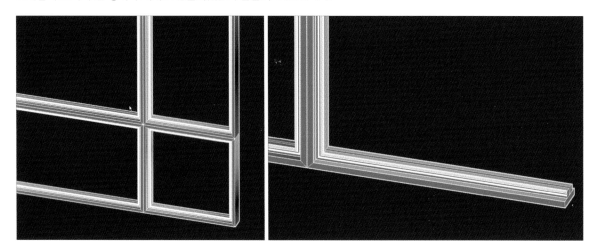

08 문제 해결

오른쪽 이미지와 같이 어긋나는 부
분이 만들어질 수도 있습니다.
이런 경우의 해결 방법을 알아보죠!

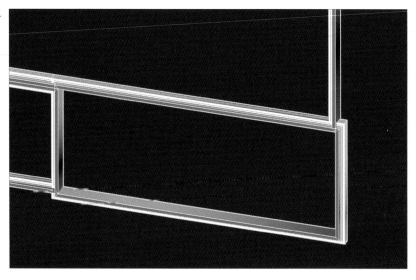

09 Spline의 방향 바꾸기

Window Frame Shape의 Spline Level에서 문제가 되는 Spline을 선택하고 Reverse 명령을 실행하면, Spline의 방향이 반대로 뒤집어지면서 올바른 형태가 됩니다.

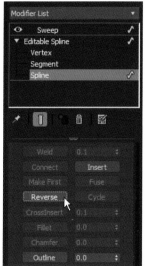

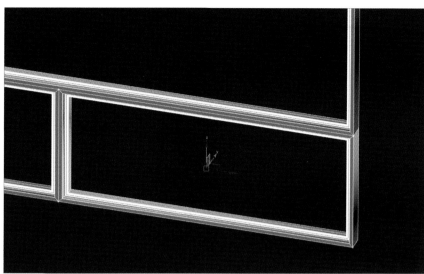

참고   RailClone을 이용한 Frame 만들기

새로운 툴을 사용하는 것 자체가 부담스럽게 느껴지는 분이 많으실 텐데요.
뭔가 새로운 툴을 배워야 하는 것과 RailClone은 더 화면도 복잡해 보이고 명령어도 많아서 어렵게 느껴지기도 하죠!

"한번 참고만 해보는 걸로!"

좀 어렵게 느껴진다면 이 부분은 참고만 하셔도 됩니다. 이런 방법도 있다는 정도로 넘기셔도 돼요.
같은 형태를 만들기 위한 방법에는 여러 가지가 있고, 우리에게는 선택할 권리가 있으니까요! ^^

초급을 넘어서 Modeling 작업에서 좀 더 효율적인 방법을 찾는 분들이라면 RailClone과 같은 Plugin의 활용에 익숙해져서 앞으로의 작업에 더 많이 사용해 보시길 바랍니다. (삽질은 이제 벗어나는 걸로!)

A RailClone 사용하기

RailClone을 설치하면 Create Panel 〉 Geometry 〉 Itoo Software에 들어옵니다. Itoosoft [www.itoosoft.com] 에서 기능 제한 버전을 무료로 받아서 사용할 수 있습니다!

먼저, RailClone을 실행하고 Viewport를 Drag해서 아이콘을 만듭니다.
Modify Panel로 이동합니다.

B Style Editor

Modify Panel의 RailClone 옵션에서 Style Editor를 실행합니다.
RailClone 창의 오른쪽 Items 목록에서 Linear 1s를 추가하고, 경로로 사용할 Window Frame Spline을 선택해 줍니다.
이 Node는 Spline에 연결합니다.
다시 Items 목록에서 Segment를 추가하고, 프레임 단면에 Extrude를 적용해서 만들어둔 3D 물체를 선택합니다. 이 Node
는 Default에 연결합니다.
간단하죠! [경로는 Linear 1s로 Spline, 단면 물체는 Segment로 Default에 연결]

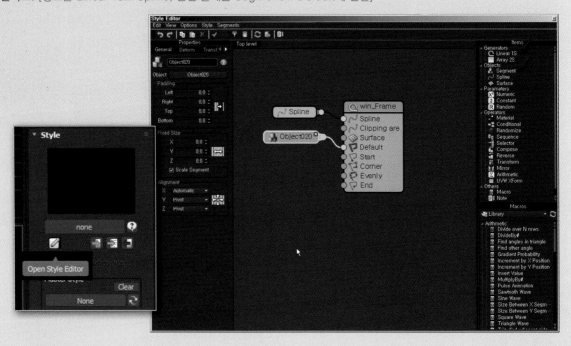

C 형태 확인

RailClone으로도 같은 형태가 한 번에 만들어지는 것을 확인할 수 있습니다.
Sweep 명령이나 RailClone으로 만든 형태에서 가장 큰 문제는 직각으로 꺾이지 않는 모서리의 형태입니다.
그래서 양쪽 모서리 부분을 열린 상태로 만들고, 만들어진 물체를 Attach 해서 모서리 부분만 수정 작업을 해주었습니다.

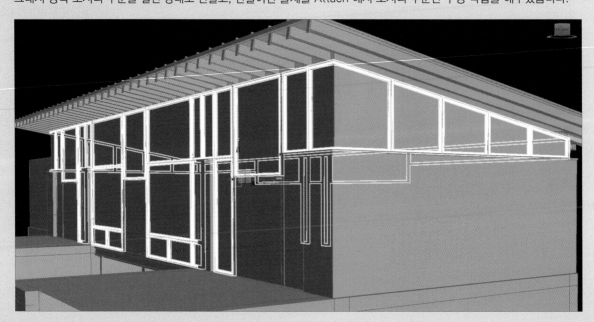

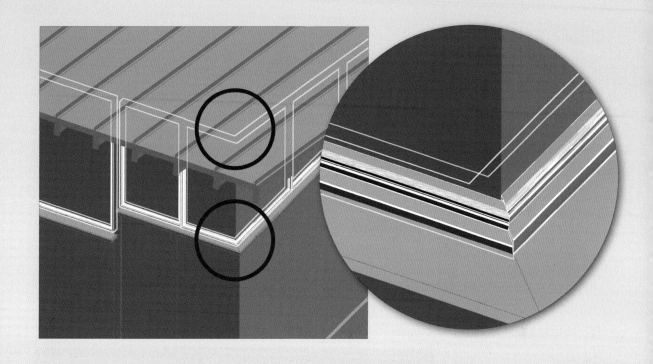

D 문제 해결은?

기울기가 있는 코너의 꺾인 부분이 한 번에 만들어지지 않아서 여러 방법을 고민해 보았습니다. 가장 편한 방법은 Spline이 기울어지지 않은 상태에서 앞의 과정처럼 단면을 이용해서 물체를 만들고, 그 후에 Editable Poly와 FFD 명령으로 필요한 부분만 기울어지게 만드는 방법입니다. 결과적으로 이 방법을 사용해서 만들었습니다.

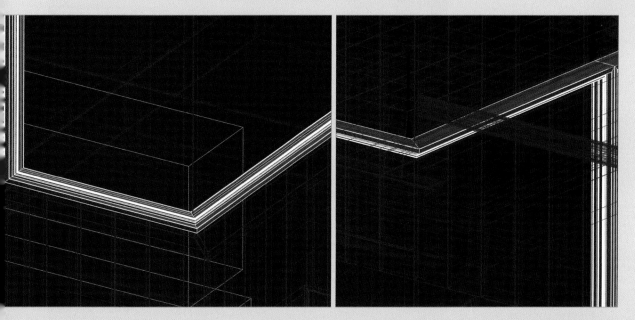

Chapter 03 Wall

지금 만들고 있는 건물은 기본 골조가 나무로 이루어진 목조 건축물입니다.
실내외를 구분짓는 유리창과 내부의 금속 Beam을 제외하면 대부분 나무로 만들어져 있죠!
건축물 외부의 나무로 마감한 부분은 나무 패널을 정해진 간격으로 시공한 형태입니다. 일부 돌출된 형태가 반복되는 디테일을 가지고 있습니다.
실내의 벽면도 같은 크기의 나무 패널이 반복해서 배치된 마감 형태입니다.
물체를 정해진 규칙대로 배열, 복사해서 넓은 면적을 덮을 수 있다면 간단하게 해결되겠군요.
하나의 물체를 정해진 간격대로 배열, 복사하는 방법을 앞에서 다뤘었지만, 좀 더 편리한 방법은 없을까요.

"그렇다면 어떤 방법을 사용할까?"

소스 물체와 소스가 배치될 경로만 있으면 원하는 형태를 쉽게 만들 수 있고, 언제든지 수정이 가능하다면 더 좋겠죠!
3ds Max의 기본 기능으로는 Spacing Tool이 있습니다. 하지만 언제든지 수정할 수 있는 장점을 원한다면 Plugin인 RailClone을 활용하는 것이 더 좋은 선택입니다.
이 작업에서 건물 외부에 돌출된 나무 패널은 RailClone으로 1개의 소스 물체와 경로를 사용해서 표현했습니다.(Floor generator를 활용할 수도 있지만 각 면들을 독립된 물체로 떼어낸 후 작업해야 합니다.)
실내의 나무 마감은 Floor Generator를 사용하기로 결정하고 작업을 진행합니다.

01 Wood Wall

건물 외벽 물체 중에서 Wood 물체를 선택하고 추가 작업을 진행해 볼까요!

02 Polygon Detach

나무 마감 부분은 여러 개의 나무 패널이 붙어 있는 형태입니다.
그리고 나무 벽면의 위쪽은 살짝 돌출된 마감재로 덮여 있습니다.

나무 벽면 위쪽의 돌출된 형태를 먼저 만듭니다. 물체의 윗면 Polygon을 선택하고 Detach 합니다.

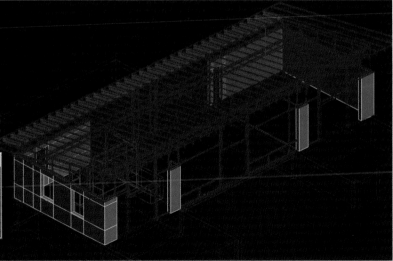

03 Shell modifier

Detach된 물체를 선택하고 Shell 명령으로 두께를 만듭니다. Shell 옵션에서 측면이 선택되도록 Select Edge 옵션을 사용하면 작업이 더 쉬워집니다.

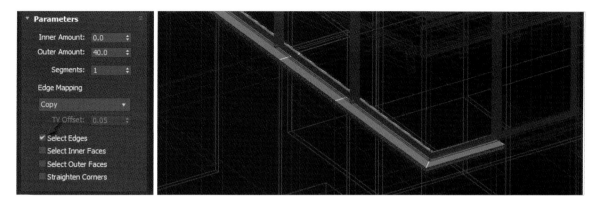

04 Detail

물체를 Editable Poly로 Convert 하고 Polygon Level로 가면, Shell에서 선택한 옵션에 의해 측면이 선택된 상태가 됩니다. Extrude 명령으로 기존 벽면보다 살짝 튀어나오는 형태를 만듭니다.

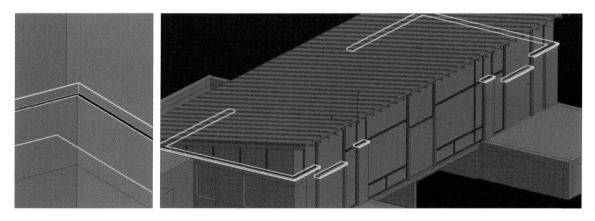

05 Window 만들기

Wood Wall 물체에서 창문이 있는 왼쪽 측면과 뒷면에 Window를 위한 면을 나누고 형태를 만듭니다.

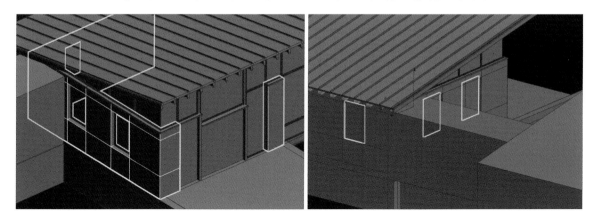

06 실내 벽

간단한 Box 형태로 만들어 둔 실내
벽면과 주방 가구 물체에 디테일을
조금 더 추가합니다.
사진 자료를 참고해서 어떻게 만들
어 나갈지 고민하면서 다음 단계를
위한 형태로 진행합니다.

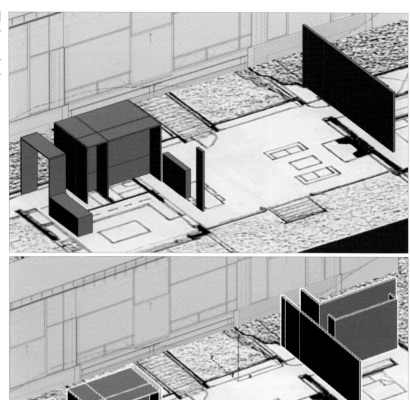

07 지붕 형태

지붕 형태를 확실하게 알 수 있을만
큼의 자료가 없기 때문에 작업자가
어떻게 파악했는지에 따라 다른 형
태의 지붕이 만들어질 것 같네요.

제가 파악한 형태는 오른쪽 이미지
와 같습니다.
지붕 앞쪽의 돌출된 나무 패널 단면
이 금속판으로 덮여 있고, 지붕 윗면
의 금속판은 연결된 부분을 접어서
돌출시킨 징크 패널의 형태입니다.

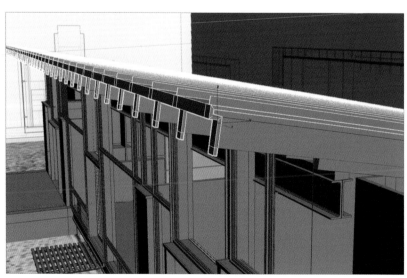

먼저, 금속 물체를 만들기 위해서 지붕 물체의 윗면을 Detach Clone으로 떼어 냅니다.
떼어 낸 물체에서 나무 패널의 위치에 맞춰 Edge를 추가하고 면을 나누어 줍니다.
나무 패널 위치의 Edge를 선택하고 Shift+Drag해서 아래의 나무 패널 단면을 가리는 새로운 면을 만듭니다.

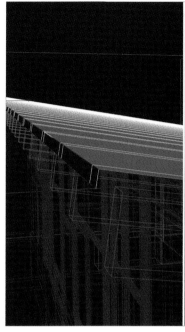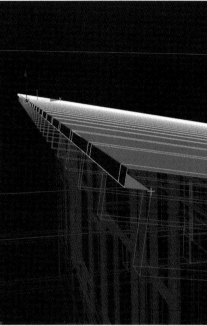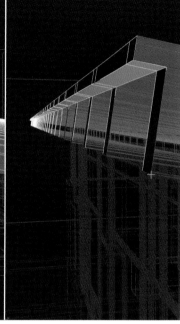

Shell modifier를 적용해서 금속 물체에 두께를 주고, Editable Poly 로 Convert 합니다.

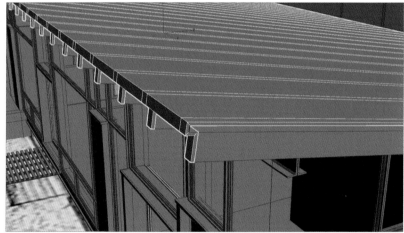

앞쪽의 금속 마감이 나무 패널보다 조금 더 내려오도록 아래면을 선택 해서 Extrude합니다.
지붕 위쪽의 돌출된 형태를 만들기 위해, 좁은 면적의 Polygon만 선택 해서 Inset 명령으로 더 얇게 만들 고 그 다음에 Extrude로 튀어나오 게 만듭니다.

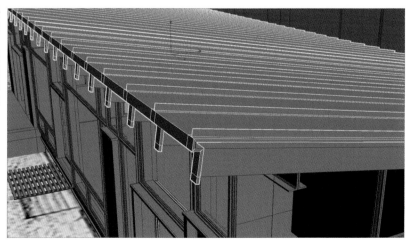

08 중앙 발코니

건축물 중앙의 Vertical Sliding Door 앞에는 작은 데크가 있습니다. 도면과 사진을 참고해서 나무로 된 데크 패널과 Cylinder 형태의 받침을 만듭니다.(데크는 Floor generator를 활용)

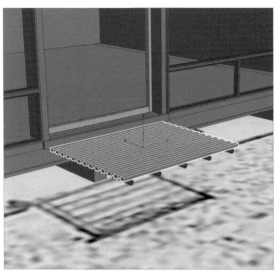
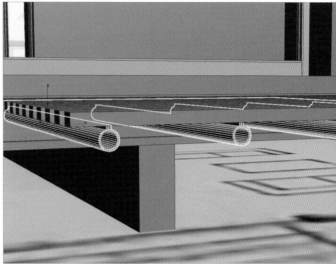

Chapter 04 Glass와 Door

건축물이 얼마나 멋지게 보일지는 유리 재질의 표현에 달려 있다고 해도 틀린 말이 아닙니다. 지금까지 만들었던 Window와 Door 물체의 형태를 정리하고 두께를 만들어서 기본 재질을 적용해 둡니다.

"창문에 사용된 유리 재질과 프레임 재질은 하나로 관리!"

유리창에 사용되는 재질은 거의 항상 유리와 프레임 재질로 나뉩니다. 이렇게 하나의 물체를 구성하는 여러 개의 재질을 편하게 관리하려면 Multi/Sub-Object 재질을 사용하는 것이 좋습니다.

01 Window 유리

건물의 유리창에 해당하는 물체를 모두 Attach 해서 하나로 만듭니다. Border를 선택하고 Open 옵션으로 Chamfer 해서 만들어 둔 Frame 물체의 형태(유리가 끼워지는 부분)에 맞게 면을 잘라줍니다.

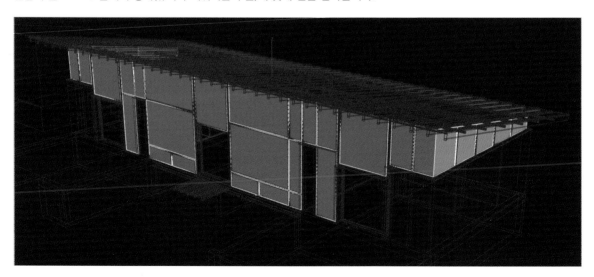

완성된 유리를 확인하면 오른쪽 이미지와 같은 형태가 됩니다.

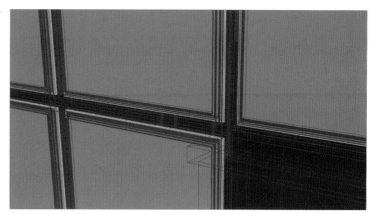

02 Door

건물 정면에서 보면 2개의 메인 출입문이 있고, 3개의 대형 Vertical Sliding Door가 있습니다.
사진을 참고해서 프레임의 방향이나 디테일을 표현하고 안쪽에 유리를 만들어 줍니다.

03 Window & Door Materials

장면 내의 물체에 Material ID를 적용해 줍니다.
유리 물체의 Material ID는 "1"로, 나무 Frame의
Material ID는 "2"로 적용합니다.
Material Editor(M)를 열고 Multi/Sub-Object 재질을 추가한 후, 우선 VRayMtl을 기본 값으로 연결합니다.

이렇게 기본 재질을 연결하고, 오른쪽 이미지처럼 유리 재질의 투명도와 반사값을 표현하고 싶은 유리와 비슷하게 수정합니다.

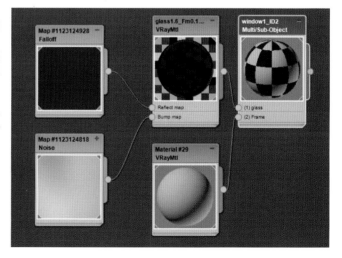

04 유리 재질

유리 재질의 Diffuse 색상은 투명도를 조절하는 Refraction Color가 완전 흰색일 때 무시됩니다. Falloff map으로 반사를 조절하고, 투명도와 유리의 두께감을 위해 Fog color, Fog multiplier를 조절합니다.

▲ 투명도를 위한 Refraction color

▲ 유리 두께감을 위한 Refraction Fog color

Reflect[반사]에 사용된 Falloff map에서 Color와 Falloff Type을 수정합니다.

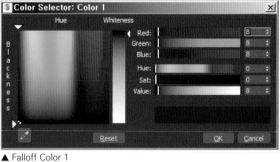

▲ Falloff Color 1

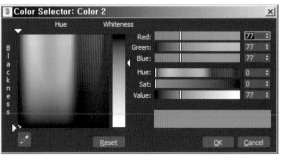

▲ Falloff Color 2

유리 재질을 표현할 때 Bump map에는 일반적으로 Noise를
적용하고, Rendering 하면서 장면에 맞게 옵션을 수정합니다.

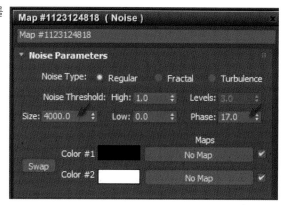

이렇게 만든 Multi/Sub-Object 재질의 이름을 정하고, 장면의 Window 물체와 Door 물체, 유리 물체에 적용합니다.
Window나 Door는 단위 형태대로 별도의 Group을 만들어서 관리하면 좋습니다.
나머지 물체에도 그에 맞는 이름을 정해서 기본 VRayMtl 재질을 적용해 둡니다.

Chapter 05 Test Rendering

장면 전체에 대략적인 형태가 만들어진 것 같다면, 이제 장면 내에 Dome Light를 설치하고 Modeling 상태를 점검하기 위
한 Test Rendering을 진행합니다.
지금까지 만들어진 상태를 Rendering 해 보는 것만으로도 즐겁게 작업할 수 있는 힘이 생깁니다.

"Test Rendering이 중요해!"

갑자기 알 수 없는 문제에 맞닥뜨리지 않으려면, Modeling 할 때 Test Rendering을 통해 지속적으로 점검해야 합니다.
또, Camera를 만들고 어떤 뷰를 보면 건축물이 어떻게 보일지 미리 생각해 볼 수 있어서 좋죠!

01 Dome Light

VRayLight를 Dome Type으로 설정하고 Viewport에 만들어줍니다.

02 Dome Light 설정

Modify panel에서 Dome Light의 Texture에 VRayHDRI를 설정하고, Multiplier 수치를 조절합니다.
VRayHDRI에는 무료 HDRI나 구매한 HDRI를 장면에 맞게 선택하고 장면에 맞게 회전 및 밝기 값을 조절합니다.

03 Exposure 설정

조명이 설치된 장면에서, VRayPhysical Camera를 사용하지 않고 Viewport를 Rendering 하려면 Exposure Control을 사용해야 합니다.
Environment and Effects 창[단축키는 숫자키 8]을 열고, Exposure Control에서 VRay Exposure Control을 선택합니다. Mode를 Photographic으로 정하고 나머지 옵션은 카메라 옵션에서 설정하는 것처럼 조절합니다.

유리 물체를 제외한 나머지 물체에는 밝은 회색의 기본 재질을 적용하고 Rendering 합니다. Atmosphere에 VRayToon을 추가하면 물체의 형태가 잘 드러나 보여서 Modeling 결과를 확인하는데 도움이 됩니다.

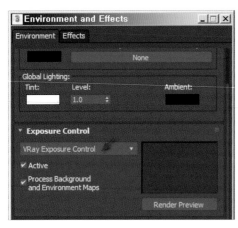

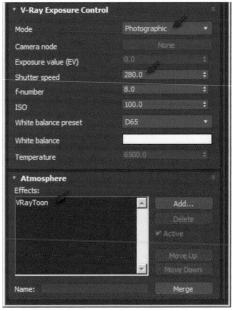

04 Render 설정

Modeling 상태를 확인하기 위한 Test Render 설정을 살펴봅니다.
Renderer가 V-Ray로 설정되어 있나요? V-Ray는 2019년 1월 현재 VRayNext update 1.1 버전입니다.
V-Ray tab의 Global switches에서 Override mtl을 체크하고 약간 밝은 회색의 VRayMtl을 적용합니다. 이 옵션을 사용하면 물체에 실제 적용된 재질과 상관없이, 장면 전체가 Override mtl의 재질로 Rendering 됩니다.
Exclude/Include 설정창에서 유리 재질을 가진 물체를 제외시키면, 그 물체의 유리 재질은 그대로 Redering 됩니다.

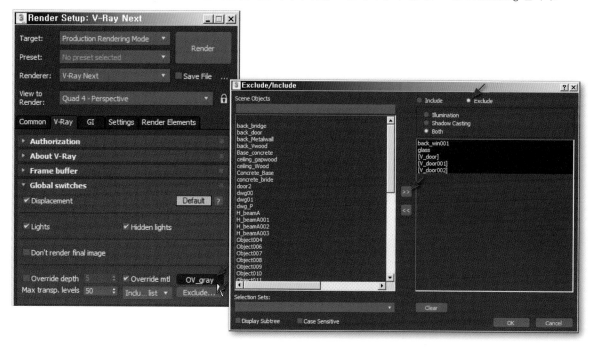

Image sampler와 Bucket image sampler는 기본 값을 사용하고, Color mapping은 옵션만 체크해 줍니다.

GI는 Primary를 Irradiance map으로 선택하고, Custom preset으로 Min, Max 값을 아래 그림과 같이 수정합니다. Light cache는 기본 값을 사용하고 빠른 결과 확인을 위해 일부 옵션만 체크 해제합니다.

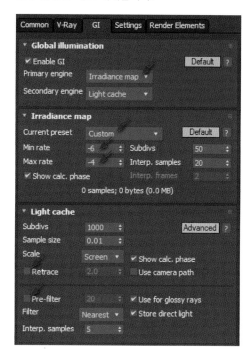

Render Elements tab에서 Add 버튼으로 VRayDenoiser를 추가합니다. Noise를 줄인 이미지 채널이 함께 Rendering 됩니다.

05 Rendering

Perspective View에서 건축물이 잘 보이도록 조절한 후, Rendering으로 현재 Modeling 상태와 유리 느낌을 확인합니다.

Rendering 된 느낌이 조금 어둡기 때문에 Exposure Control에서 Sutter speed를 수정해 주어야겠네요!

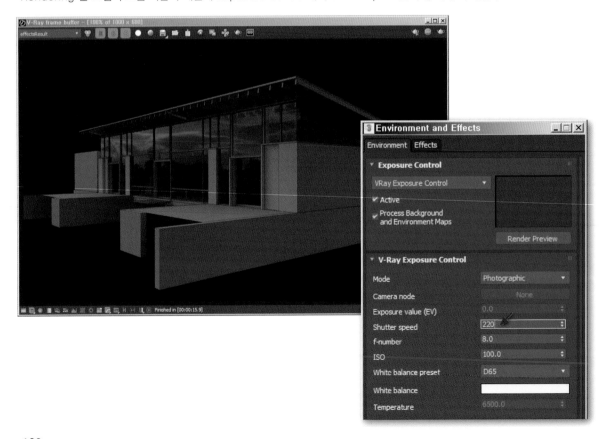

Chapter 06 Wood Wall Detail

건축물 내부의 인테리어나 외부의 자연환경 등, 좀 더 세밀한 부분까지 Modeling 작업이 진행되고 나면 멋질 것 같네요.
먼저, 나무 재질의 외벽에 디테일을 추가합니다.
좁고 긴 형태의 나무를 일정한 간격으로 붙일 때, RailClone이나 Floor Generator를 활용하면 쉽고 빠르게 원하는 형태를 만들 수 있습니다.
RailClone을 사용하기 위해서는 물체가 배열될 경로 Spline과 소스 물체가 필요합니다. 경로 Spline이 하나의 연결된 선이 아닌 경우, 여러 개의 경로 Spline으로 분리해서 RailClone을 적용해야 소스 물체의 간격을 맞출 수 있습니다.
Floor Generator에서는 소스 물체를 평면에만 배치할 수 있기 때문에, 배치될 면이 꺾여 있다면 각각의 면을 분리해서 따로 적용해야 합니다.
두 가지 방법 모두 장단점이 있지만, 여러분은 편하고 무료 사용이 가능한 Floor Generator를 사용하면 좋을 것 같네요!

01 배치

사진을 참고해서 돌출된 Box 형태를 바깥 벽면에 배열, 복사합니다. 저는 RailClone을 사용했고, 모서리 부분은 방향이 다른 두개가 겹쳐있는 형태로 작업해 주었습니다. (Floor Generator를 이용해도 비슷한 결과를 만들 수 있을 것 같아요!)

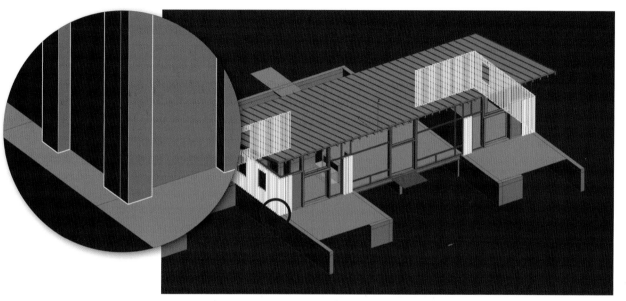

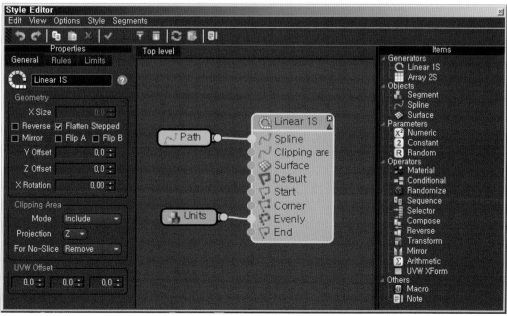

02 메인 Door

양쪽에 위치한 메인 출입문도 사진을 참고해서 Modeling 합니다. 디테일은 연출을 고려해서 작업해 보세요!

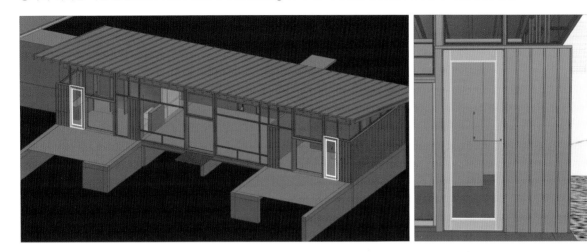

저는 문의 기본 틀이 되는 나무 Frame과 유리를 고정하기 위한 안쪽의 Frame, 그리고 유리 물체로 나누어 만들었습니다.

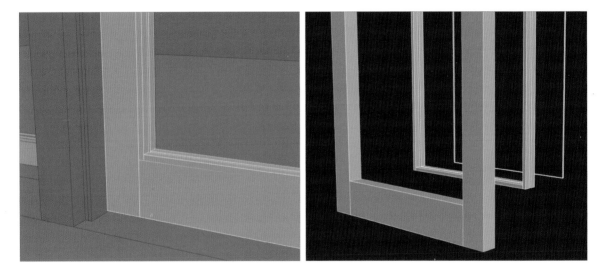

03 측면 건물

옆에 있는 부속 건물은 메인 건물의 Modeling 방식을 그대로 적용해서 만들면 됩니다. 먼저, 메인 건물에서 만들었던 방법으로 기울어진 지붕을 만듭니다.

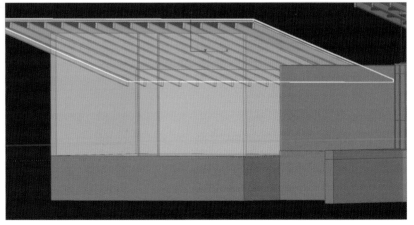

Wood 벽면에 돌출된 형태는 Floor Generator나 RailClone으로 만들고, Window 형태를 만든 후 각각의 물체에 재질을 적용합니다.

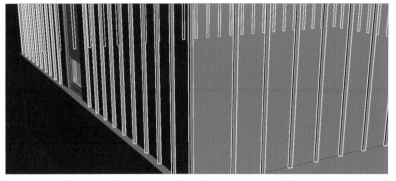

04 Test Rendering으로 확인

현재까지 작업된 상태를 Rendering 해서 형태를 확인합니다.

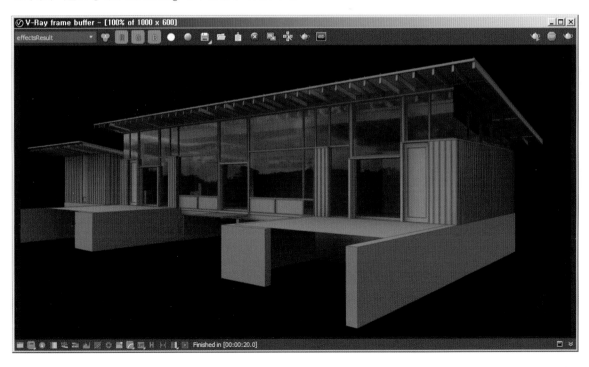

05 연결 통로 작업

연결 통로는 기본적으로 나무 재질의 벽면과 유리창, 그리고 뒤쪽에 있는 출입문으로 구성되어 있습니다.
사진 자료를 참고해서 최대한 실제와 비슷한 형태로 만들어 줍니다.

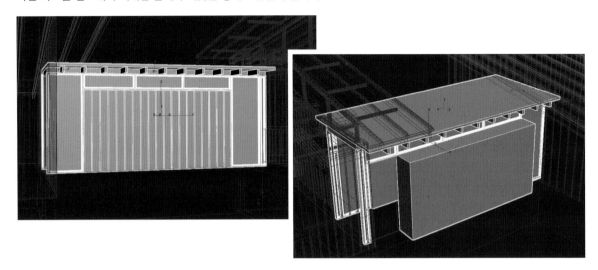

06 측면 Window 작업

양 측면과 뒤쪽 Window는 오픈되는
창문 형태입니다. 고정 창보다 디테일
이 조금 더 추가되는 형태로 Wood 벽
면 안쪽에 위치합니다.

4개가 같은 모양이라서 하나를 작업해
서 복사해 두면 되겠네요.

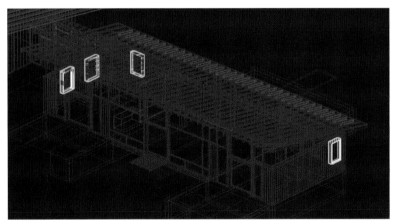

가장 바깥쪽의 고정 Frame과 열리는 창문의 Frame, 그 안에 유리를 고정하는 얇은 나무 Frame, 그리고 유리로 구성된
Window 물체입니다.

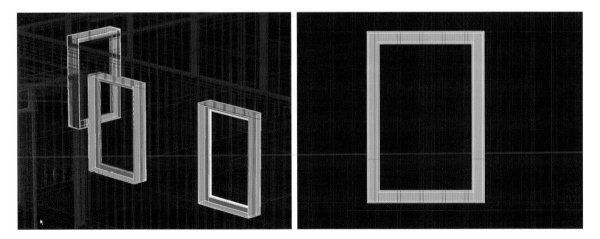

Chapter 07 건축물 기본 Materials

물체의 형태가 어느정도 만들어지면 기본 재질을 적당히 수정해서 적용하고 다음 과정을 진행하는 것이 좋습니다.
Mapping 좌표를 고려해서 Modeling 하고, 물체에 적합한 재질을 미리 적용해 두면 다음 과정이 더 빨라집니다!
기본 재질에서 컬러나 반사, 굴절 등만 비슷하게 설정하거나, 또는 사용할 Texture를 간단하게 연결하는 정도로 합니다.

숙달된 작업자의 경우에는 저장해 둔 개인 Material Library에서 원하는 재질을 빠르게 적용해서 필요한 Texture를 연결하기 때문에 Modeling 작업이 끝나면 Materials 작업도 90% 정도는 마무리 됩니다.
물론 개인의 습관이나 작업 스타일에 따라서 다른 부분이죠!

01 지붕의 금속 재질

지붕은 금속 질감이라 깨끗한 느낌의 Texture를 사용하지 않거나, 사용한다고 해도 Seamless Texture를 사용해서 반복되는 느낌이 들지 않도록 처리합니다. 3개의 지붕을 모두 선택하고 UVW Map을 Box 형태로 적용합니다.

Mix node에 보이는 Texture 느낌을 Diffuse map에 적용하기 위해서 조금 복잡한 node 구조가 만들어졌지만, 단순하게 Noise map만 사용해도 비슷한 느낌을 낼 수 있습니다. Reflect map과 Bump에도 같은 패턴의 Nosie를 이용합니다.

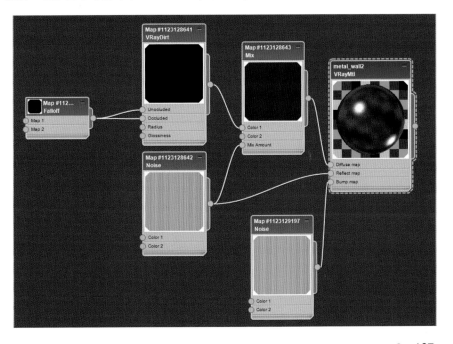

Diffuse Color에 Map이 연결되어 있기 때문에 Color는 무시됩니다.
Reflect map으로는 Diffuse map에 연결된 Noise를 사용합니다.
Glossiness 수치를 조절해서 멀리 있는 물체가 좀 더 뿌옇게 반사되도
록 표현되도록 합니다.
Fresnel reflections 옵션을 사용하면 반사가 부드럽게 표현되지만 그만
큼 반사가 약해보입니다. 그래서 Fresnel IOR의 "L"버튼을 끄고 IOR 값
을 높여서 반사를 좀 더 강하게 표현했습니다.
BRDF type은 Ward를 선택해서 약간 둔하고 무게감있는 재질 느낌으
로 표현합니다.

Diffuse에 Falloff map을 사용해서 물체
의 면이 보여지는 각도에 따라 약간의 색
상 차이가 나타나도록 했습니다.

Falloff map을 사용하면 Front와 Side에 적용한 두가
지 색상이 물체가 보여지는 각도에 따라 자연스럽게 섞
여서 나타납니다.
Falloff Type은 Fresnel로 정하고, Mix Curve를 그림
과 같이 조절해서 Front Color가 더 많이 섞이도록 합
니다. 정면에서 볼 때 어두운 색상이 더 많이 보이게 됩
니다.

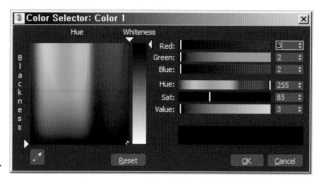

◀ Noise map Color #1

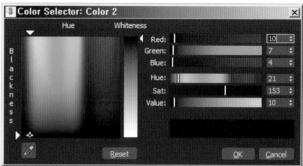

◀ Noise map Color #2

지붕 위의 돌출된 형태에서 안쪽 모서리
가 더 어둡게 표현되도록 Falloff map을
VRayDirt map에 연결합니다.

오른쪽 그림과 같이 VRayDirt map을 사용하면, 모서리를 기준으로 반
지름 25mm 안쪽 영역에 어두운 Color나 Map이 적용됩니다. 모서리
부분이 더 어둡게 보이는 현상을 시뮬레이션해서 사실적인 느낌을 연출
할 수 있습니다.
Falloff map을 Occluded Color와 Unoccluded Color 모두에 연결하
고, Occluded Color의 Map Amount 만 50으로 수정합니다. 이렇게
하면 연결된 Map과 적용된 Color를 반반씩 섞어서 Occluded Color에
사용하므로, Falloff map에 검은색이 절반 정도 섞여서 모서리가 더 어
둡게 표현됩니다.

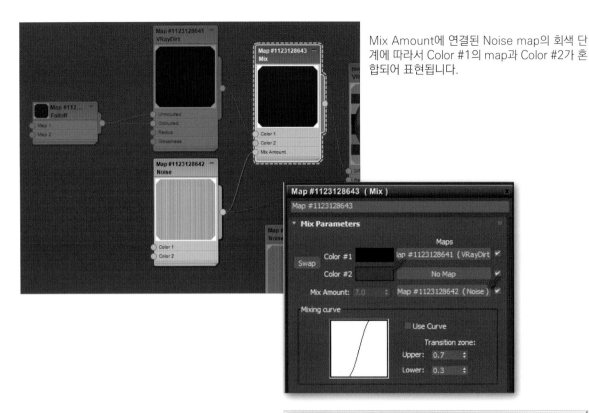

Mix Amount에 연결된 Noise map의 회색 단
계에 따라서 Color #1의 map과 Color #2가 혼
합되어 표현됩니다.

Mix map Color #2 ▶

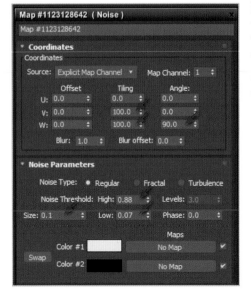

Mix map의 Mix Amount map에 Noise map을 사용합니다.
왼쪽 그림과 같이 Tiling 옵션을 수정하면 Noise map이 한쪽 방향으로
길게 늘어나서, 실제 금속 판에서 볼 수 있는 미세한 줄무늬 Texture를
표현할 수 있습니다.

멀리서 보면 큰 차이를 느끼지 못할 수도 있지만, 이렇게 소소한 디테일
이 모여서 전체 장면을 좀 더 사실적으로 만듭니다.

Mix Amount에 연결된 Noise map을
Reflect map에도 연결합니다.

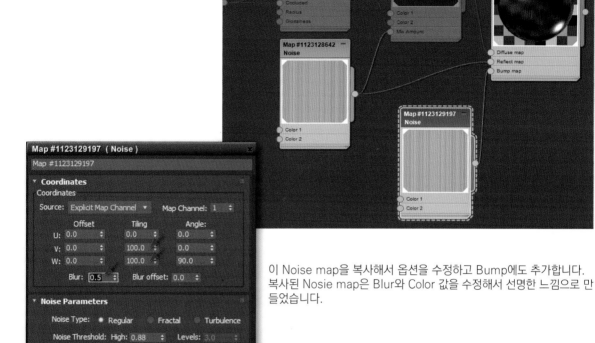

이 Noise map을 복사해서 옵션을 수정하고 Bump에도 추가합니다.
복사된 Nosie map은 Blur와 Color 값을 수정해서 선명한 느낌으로 만
들었습니다.

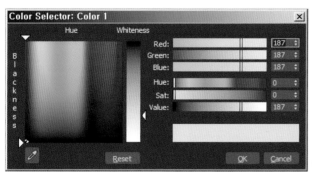

◀ Noise map Color #1

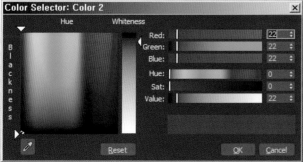

◀ Noise map Color #2

Maps의 Bump amount는 "1"로 수정하고 Rendering 하면서 값을 수정합니다.

02 기초 Concrete 재질

건축물 하부의 기초 물체에는 Concrete 재질을 적용합니다.
Modeling 과정에서는 간단하게 사용될 Concrete Texture를 Diffuse map에 연결하고 반사를 만들어 줍니다.

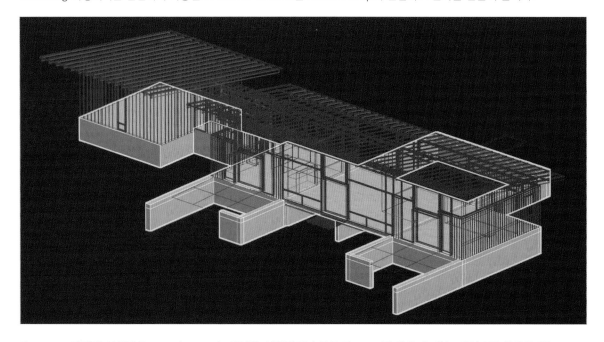

Concrete 재질에 사용될 Texture는 google 검색을 사용하거나 무료 Texture를 받을 수 있는 사이트를 활용하세요.
https://www.textures.com 에 가입하면 하루에 정해진 용량까지는 Texture를 무료로 받을 수 있어요.
Concrete Texture를 Color Correction map을 활용해서 Diffuse, Reflect, Bump, Hilight에 사용했습니다.

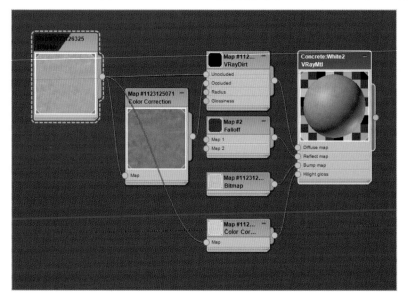

Diffuse map에는 Concrete Texture를 VRayDirt map에 연결해서 사용했습니다.
Reflect map에도 Concrete Texture를 적용해서 Texture의 무늬에 따라서 반사 강도가 다르게 표현되도록 하고, Glossiness를 조절해서 반사 이미지가 부드럽게 퍼지도록 했습니다.

콘크리트의 무겁고 탁한 느낌을 위해 BRDF는 Ward로 사용합니다.

Diffuse map에 VRayDirt map을 사용하면 물체의 모서리를 기준으로 80mm 안쪽에 Occluded Color의 어두운 색이 표현되도록 해서 사실적인 느낌을 추가할 수 있습니다.
건축물의 기초 Concrete 느낌에 가까운 Texture를 찾아서 Seamless Texture로 수정하고 사용합니다.
Unoccluded Color에 표현하고 싶은 Concrete Texture를 적용하고 Occluded Color에는 Unoccluded Color에 연결된 Map을 Color Correction으로 어둡게 조절해서 연결합니다.

◀ Unoccluded Color Texture

◀ Occluded Color Texture

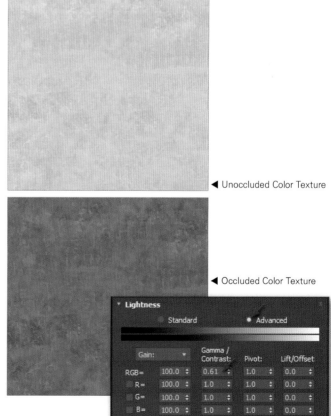

Reflect map에 Falloff map을 이용해서 반사를 표현합니다.
Color와 Mix Curve를 조절해서 카메라에서 볼 때 물체의 기울어진 면에 반사가 더 표현되도록 했습니다.

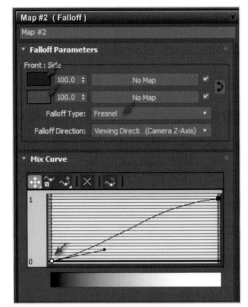

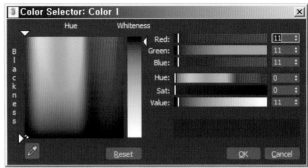

▲ Falloff map Color #1

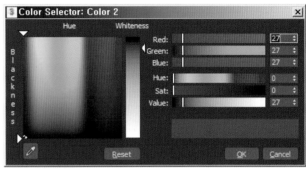

▲ Falloff map Color #2

Bump와 Hilight에도 Diffuse에 사용된 Concrete Texture를 연결합니다.
Texture의 밝기와 Contrast 정도를 조절하면서 원하는 재질 느낌을 만듭니다.

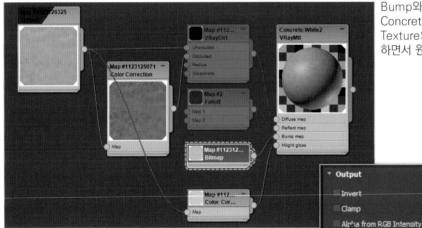

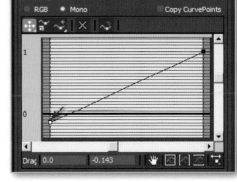

Bitmap의 Output Curve를 조절하면 간단하게 Texture를 밝게 하거나 어둡게 할 수 있습니다.
Enable Color map 옵션을 선택하면 Curve를 조절할 수 있게 됩니다.
왼쪽 "0"의 CurvePoint를 아래로 이동시켜 약간 어둡게 만들고 Bump에 사용했습니다. ▶

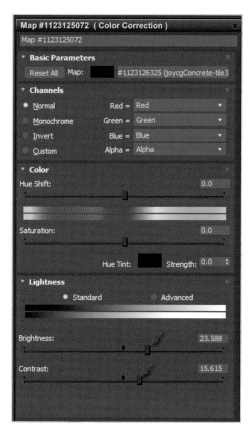

Hilight map에도 Diffuse map에 사용한 Concrete Texture를 사용합니다. 중간에 Color Correction map만 추가해서 원하는 재질 느낌을 위해 Brightness와 Contrast를 조절해 줍니다.

03 외부 Wood 재질

이 건물에서 가장 중요하고 많이 보이는 재질은 외부의 Wood 재질입니다.
모두 같은 Texture를 사용해도 되고 Door, Window, 천장의 나무를 약간 다르게 적용하는 것도 좋을 것 같네요!

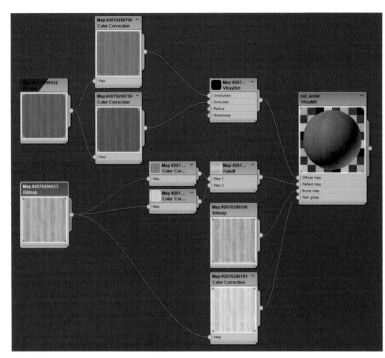

Wood 재질을 위해서 기본적으로 2종류의 Texture가 필요합니다.

같은 무늬의 Color와 흑백 이미지를 준비해서 Diffuse에는 Color 이미지를, 반사나 Bump, Hilight에는 흑백 이미지를 사용합니다.

전체 Node 구조는 복잡해 보이지만, 2개의 Texture를 장면에 맞게 색상, 밝기만 조절해서 사용한 간단한 재질입니다.

Texture는 Tiling 했을 때 이미지의 경계 부분이 자연스럽게 연결되도록 만들어야 합니다.
시간을 들여서라도 Photoshop과 같은 2D프로그램으로 나만의 Texture를 만들어서 사용하는 것이 가장 효과적이겠죠!
물론, 상업적으로 판매되고 있는 양질의 Texture를 구매해서 사용하는 방법도 있습니다.

Wood 재질의 반사는 아주 부드럽고 약하게 표현합니다.
Reflect의 Glossiness 수치를 낮게 설정하고 BREF를 Ward로 설정한 후 Map을 세밀하게 조절해서 장면에 어울리는 재질을 만듭니다.

Diffuse map에는 VRayDirt를 사용합니다.
Radius 값은 Modeling된 벽면의 돌출된 형태에서 실제 적용될 범위를 측정해서 입력합니다.
Falloff와 Subdivs를 조절해서 Occluded Color와 Unoccluded Color에 적용된 Texture가 부드럽게 섞여서 자연스럽게 보이도록 합니다.

116

하나의 Texture에 별도의 Color Correction을 적용하고, VRayDirt map의 Occluded Color와 Unoccluded Color에 각각 연결합니다. Color Correction의 색상, 채도, 밝기를 조절해서 원하는 재질을 만듭니다.

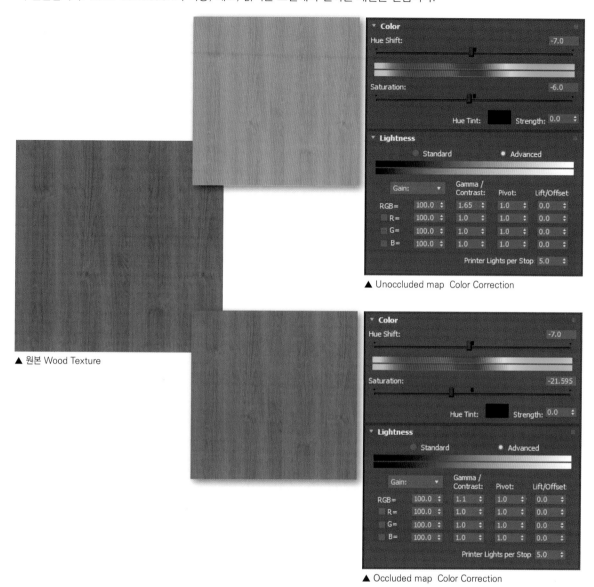

▲ 원본 Wood Texture

▲ Unoccluded map Color Correction

▲ Occluded map Color Correction

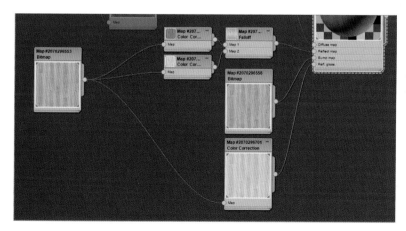

반사와 Bump, Reflect glossiness 에는 흑백의 Wood Texture를 사용합니다.
Color Correction으로 각각의 map 에 맞게 밝기와 선명도를 조절해서 사용합니다.

연결된 Map의 amount를 조절해서 설정된 옵션의 수치나 Color 값을 섞어서 사용할 수도 있습니다. 이렇게 섞어주면 사용된 Map의 패턴이 좀더 부드럽게 표현됩니다.

Chapter 08 기타 Modeling

아직 Modeling 해야 할 것들이 많이 남아있네요.
건물은 거의 다 만든 것 같지만, 실내의 벽면이나 기둥, 가구와 벽난로, 외부 바닥과 같은 것들이 남아있죠!
Exterior 작업이지만, 이게 정말 Exterior 작업이었나 싶을 정도로 내부 작업에 많은 시간이 필요하기도 합니다. 하지만 실내 조명이 켜진 오후의 멋진 풍경을 만들어 내기 위해서는 꼭 필요한 과정이죠.
항상 부족한 시간에 쫓기는 실무 작업에서는 팀원과 작업 분량을 나누거나 판매되는 Source Data를 구매해서 사용하기도 합니다. 이전 작업에서 사용했던 Data를 재활용하기도 하고요.

건축물의 기본 골격은 다 나와있는 상태라서 이제부터는 고민 없이 필요한 물체를 빠르게 추가해 나가면 될 것 같습니다.
시작해보죠!

01 출입문 외부 바닥

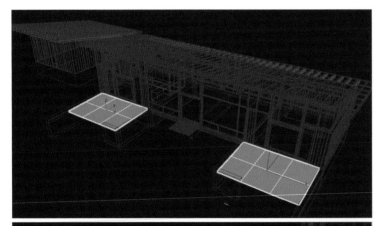

Plane으로 만들어 둔 기본 형태에서 왼쪽 그림과 같이 면을 나눕니다.

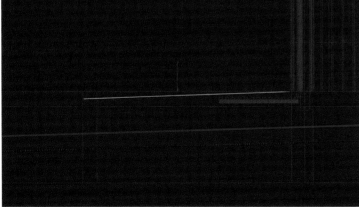

사진을 확인하고, FFD 2x2x2 Modifier를 이용해서 호수쪽으로 기울어지는 형태를 만들어 주었습니다.

02 Render 확인

추가로 만들어지는 Modeling 결과를 틈틈이 Redering으로 확인합니다. Test Rendering에서 유리 재질이 투명하게 렌더링 되어야 실내의 Modeling 상태와 전체 장면의 느낌을 제대로 확인할 수 있습니다.

03 내부 기둥

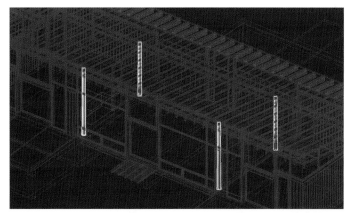

천장의 Beam을 지탱하는 4개의 기둥을 만들어서 배치합니다.
기둥의 형태는 사진 자료를 참고합니다.

04 벽난로

벽난로는 Camera View에 따라 보이지 않을 수 있습니다. 하지만 건물의 지붕까지 연결되는 구조이므로 Modeling 해두는 게 좋죠. 형태는 단순하게 만들고 재질을 잘 표현하는 방향으로 진행합니다.

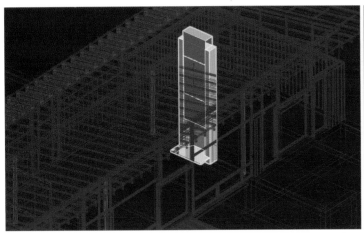 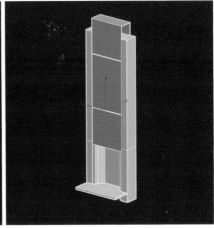

05 실내 나무벽

사진 자료를 확인해보면 외벽에 사용했던 나무 자재가 실내의 벽면에도 사용되었습니다. 여러 개의 나무 패널이 Tiling 되어 있는 형태를 만들기 위해서 나무가 적용될 벽면에 Floor Generator를 적용합니다.
우선 만들어 둔 벽체를 선택해서, 나무 재질이 적용될 면을 선택하고 각각 Detach 합니다.

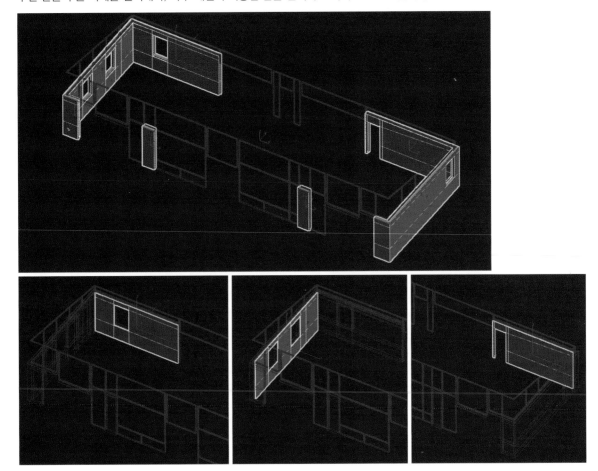

06 나무 패널 크기

Floor Generator를 사용하기 전에 미리 만들려고 하는 나무 패널의 폭과 두께를 생각해 둡니다.

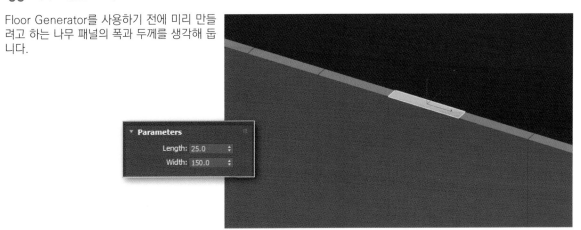

07 Floor Generator

앞에서 떼어낸 벽면 물체 중 하나를 선택하고, Modify panel에서 Floor Generator를 적용합니다.
Max Width에 나무 패널의 폭 수치를 입력하고, 패널의 길이는 Max Length에 벽면 물체의 높이보다 큰 값을 넣어줍니다.
(Floor Generator가 설치되어 있어야 사용이 가능해요! 설치가 안되어 있다면 다음 page를 참고하세요!)

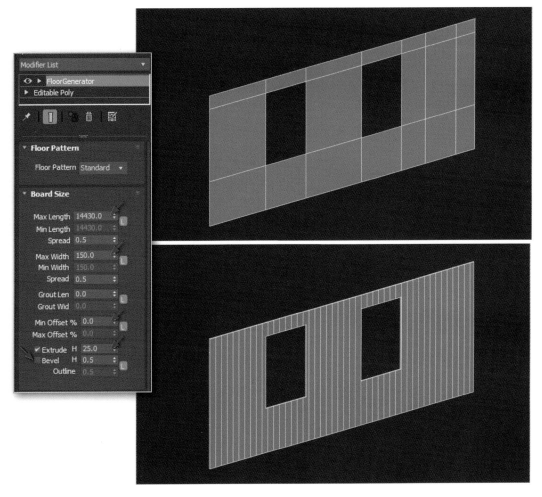

＊ Floor Generator 설치

Floor Generator는 무료 버전과 유료 버전이 있어요! Floor Generator에 소개된 5개의 패턴 중에서 무료 버전은 Standard Running Bond만 사용 가능하고 유료 버전은 모두 사용할 수 있습니다. 이번 작업에서는 무료 버전이면 충분합니다.

우선 CGSource[https://www.cg-source.com]에 가입하고 무료 버전을 다운로드합니다. 여러분의 컴퓨터에 설치된 3ds Max 버전에 맞는 *.dlm 파일을 찾고, 컴퓨터의 3ds Max가 설치된 위치에서 Plugins 폴더에 이 파일을 넣어줍니다. 이제 3ds Max를 재실행하면 Floor Generator를 사용할 수 있습니다. (또는 3ds Max를 재실행하지 않고, Customize menu 〉 Plugin-Manager를 이용해서 설치할 수도 있습니다)

08 실내 나무 벽면 완성

적용된 Floor Generator Modifier를 복사해서 Detach한 다른 물체에도 적용해 줍니다.(JOYCG 홈페이지나 JOYCG YouTube 페이지의 동영상 자료를 참고하세요. 이해가 잘 안되는 부분은 따로 문의해 주셔도 됩니다.)
벽면 형태가 모두 완성되면 하나의 물체로 Attach한 후, 물체의 축을 중앙으로 만듭니다..

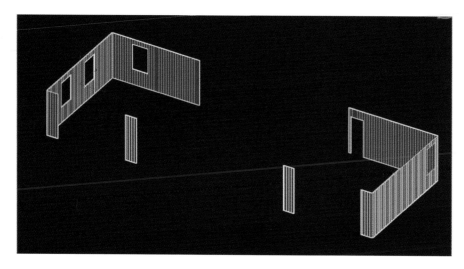

09 Door

Door의 아래 바닥에 재질이 다른 마감재물체를 배치하기 위해, Door의 폭과 Door 프레임 두께의 Box를 만들어 배치합니다.

Door의 개폐에 문제가 되지 않으면서 바닥보다 살짝 높은 위치로 조절합니다.

10 외부 바닥

외부 바닥을 패턴대로 나눠줍니다. 안쪽 Edge에 Chamfer의 Open 옵션으로 틈을 만들고, 물체에 두께를 만들어 줍니다.

11 VRaySun & Render 확인

장면에 VRaySun을 만듭니다. Target은 건물 바닥 가운데에 두고, 태양은 아래 이미지와 같이 왼쪽 앞에 배치합니다.

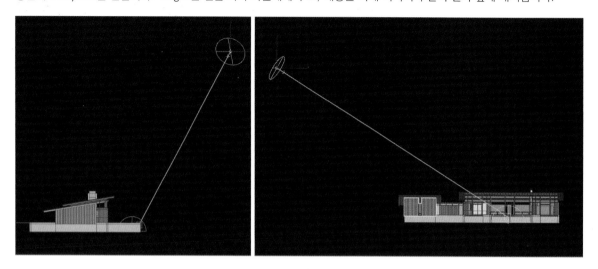

VRaySun이 만들어지면서 장면은 생각보다 밝게 Rendering 됩니다.

Chapter 09 주방 Modeling & 실내 Materials

이전 과정에서 간단하게 만들어 두었던 실내 벽과 싱크대에 디테일을 추가합니다.
원래 빌딩 하나 Modeling 하는 시간과 가구 하나 Modeling 하는 시간이 같다고 하죠. 물체의 크기가 아니라 물체의 형태가 얼마나 복잡한지에 따라 작업시간이 결정됩니다.
사실상, 모든 물체를 디테일의 끝판왕처럼 만들 필요는 없습니다. 지금 만드는 물체가 장면에서 얼마만큼 중요한지 생각하고 그에 따라 완성도를 조절하는 것이 가장 효율적입니다. 단순한 형태로 시작해서 필요한 만큼 디테일을 추가해 나가도록 합니다.

이것저것 Modeling 하는 것이 조금 귀찮더라도, 장면 전체의 사실감을 높이기 위해 조금만 더 힘써 보도록 합시다.

01 벽면 & 싱크대

벽난로 뒤쪽의 Wood 패널 벽면은 Floor Generator로 만듭니다. 벽난로 양쪽에 있는 책꽂이는 간단한 Box 형태로 만들어 둡니다. 천장을 가로지르는 Beam과 받치고 있는 기둥, 벽난로의 금속 부분에 같은 재질을 적용합니다.
싱크대와 Wood 벽면에는 서로 다른 나무 재질을 적용합니다.

사진 자료에 최대한 가깝게 책꽂이와 싱크대를 Modeling 합니다.

02 싱크대 Material

싱크대에 사용된 재질을 살펴볼까요.
싱크대 상판의 대리석 재질과 몸체 부분의 나무 재질, 손잡이의 금속 재질과 수전의 Stainless 재질이 사용되었습니다.

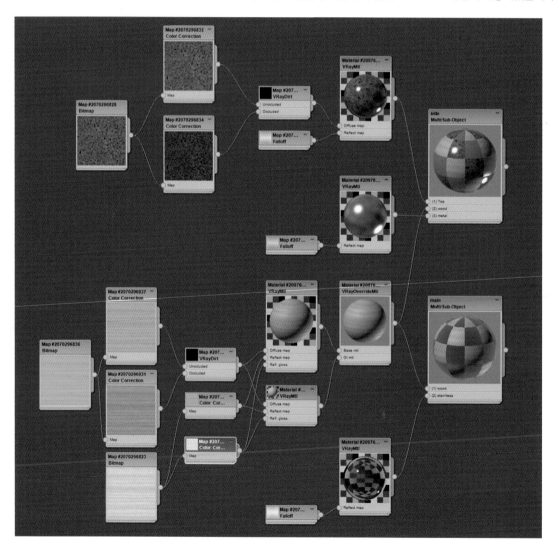

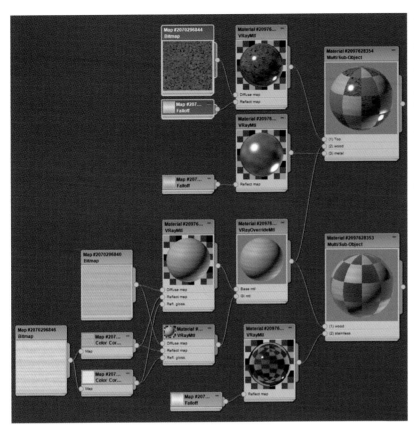

복잡한 Node구조가 어렵다면, 중간의 Node는 무시하고 사용된 Texture map만 확인하세요.

VRayDirt를 꼭 사용해야 하는지 잘 모르겠다고 생각하는 분도 있을 거예요. 처음에는 꼭 필요한 Texture map만 연결해서 사용하고, 필요에 따라 Node의 중간에 VRayDirt map을 추가하는 식으로 작업하면 됩니다.

Test Rendering으로 확인하면서 별 차이가 없다면 자신의 느낌대로 만들어 가세요.
책의 내용은 참고만 하는 걸로! ^^

Exterior만 Rendering 한다면 상판 재질을 디테일 하게 표현할 필요가 없겠죠. 개인적으로는 실내 공간을 Rendering 하고 싶었기 때문에 VRayDirt map을 사용했습니다.

상판에 사용할 Texture를 사진을 찍거나 검색해서 구한 다음, Seamless Texture로 만들어서 사용합니다.

Reflect map에 Falloff를 사용하고 Fresnel IOR의 "L"버튼을 해제해서 반사 느낌을 조절했습니다.

BRDF는 Light에 의한 Hilight 느낌 때문에 Ward type을 사용했지만, 역시 이 부분도 원하는 대로 선택해서 사용하세요.

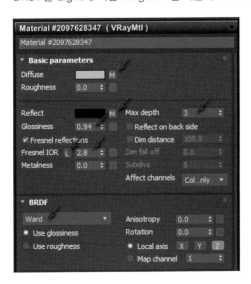

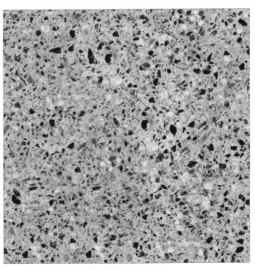

▲ Diffuse map에 사용한 원본 Texture

상판 Texture를 적용하고 Test를 거치면서 Bitmap의 Output Curve를 조절해서 어둡게 만들었습니다.

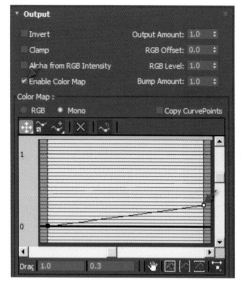

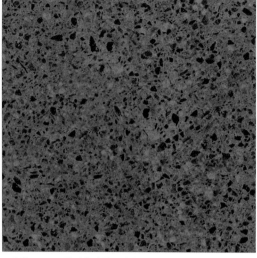

▲ Diffuse map에 사용된 최종 상태

VRayDirt map의 Radius, Falloff, Subdivs를 수정합니다.
앞에서 조절한 Texture를 Unoccluded Color에 바로 연결하고, Color Correction으로 조금 어둡게 조절한 Texture를 Occluded Color에 연결했습니다.

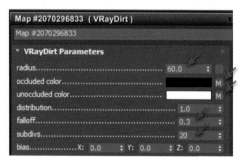

반사에 사용된 Falloff는 Color만 조절해서 사용합니다.

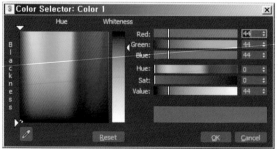

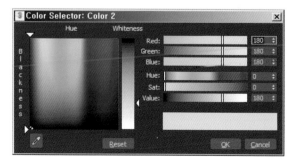

싱크대에 사용된 Wood 재질은 앞에서 설명한 벽면의 Wood 재질과 거의 비슷한 구조입니다.
Color Wood Texture와 흑백 Wood Texture를 사용하고, Diffuse에는 Color Correction과 VRayDirt map을 사용했습니다. 만들어진 재질에는 VRayOverrideMtl을 적용합니다.
Base에 적용된 재질을 복사해서 GI에 연결하고, GI에 연결된 재질의 Diffuse Color는 회색, Diffuse amount는 10~20 정도로 설정해서 사용합니다. 그래야 Rendering 했을 때 넓은 면적에 사용된 재질 색상으로 장면 전체가 물드는 문제점을 해결할 수 있습니다.

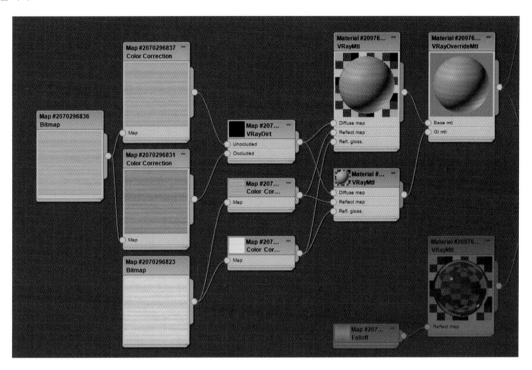

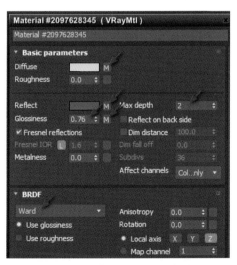

실내의 Wood 재질도 외부 Wood 재질과 비슷한 느낌으로 조절했습니다.
필요하다면 반사를 조금 더 주는 정도가 좋을 거라는 생각을 해봤죠!
개인적으로 강한 반사로 번들거리는 것보다 약간 매트한 느낌이 더 좋다고 생각하기 때문입니다.
Reflect와 Glossiness에는 흑백 Wood Texture를 사용해서 나뭇결 느낌으로 반사가 표현되도록 했습니다.

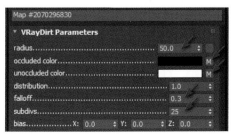

Diffuse map에 적용된 VRayDirt map의 Radius를 먼저 조절합니다.
Color Correction으로 조절된 Wood Texture를 Unoccluded Color와 Occluded Color에 연결하고 Falloff, Subdivs를 조절합니다.
(Occluded Color에 연결된 Map은 Test Rendering을 거치면서 밝기를 조절하는 과정이 필요합니다.)

손잡이 등에 사용한 금속 재질입니다. Reflect에는 역시나 Falloff map을 사용했습니다.
Diffuse Color와 Reflect 옵션, BRDF를 조절해서 금속의 색상과 원하는 반사 느낌을 만듭니다.

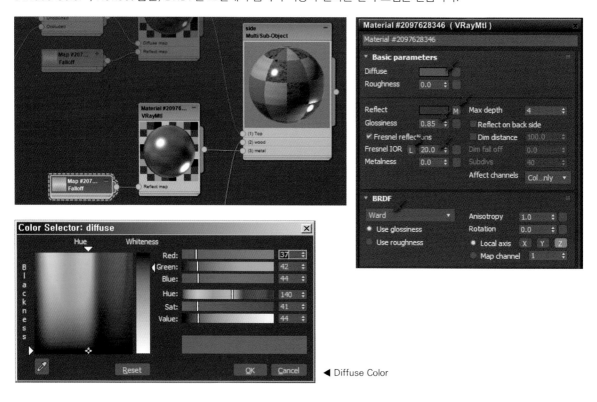

◀ Diffuse Color

Reflect map에 Falloff map을 사용하고 Color만 수정해서 사용합니다.
반사의 강도나 느낌은 VRayMtl 옵션을 이용해서 장면에 어울리는 상태로 만들어줍니다.

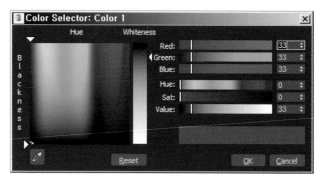

▲ Falloff Color #1

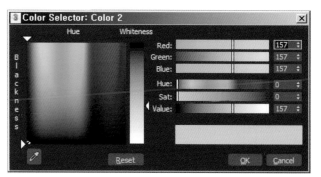

▲ Falloff Color #2

수전에 주로 사용된 Stainless 재질입니다.
Diffuse Color를 조절하고 Reflect map, Glossiness를 조절합니다.

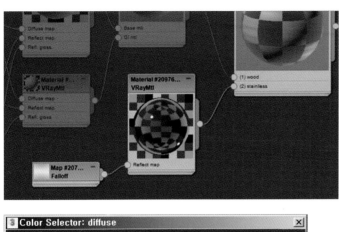
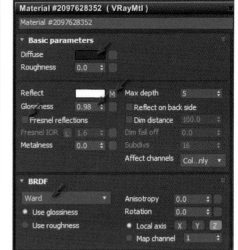

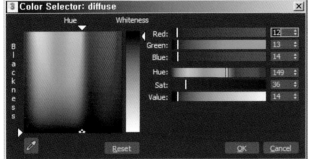

◀ Diffuse Color

Reflect map에 Falloff map을 사용하고, Color와 Mix Curver를 조절해서 사용합니다.
강하고 또렷한 반사 느낌을 위해 Falloff Type을 기본으로 유지하고 VRayMtl의 Fresnel 옵션도 해제한 상태로 사용합니다.

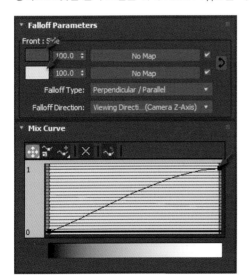

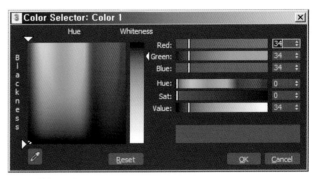

▲ Falloff Color #1

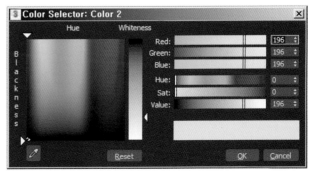

▲ Falloff Color #2

03 Interior Wall

사진 자료를 너무 심각하게 관찰하다 보니 벽면의 나무 재질 색상이 미세하게 달라 보이는 곳이 있었습니다. 먼저 하나의 Wood 재질을 만들고 색상만 바꾼 다른 재질을 하나 더 만들어서 2개의 재질을 적용했습니다.(도대체 왜 이러는 걸까요?) 물론 여러분은 하나의 재질을 적용해도 전혀 상관없는 부분인 것 같죠?!

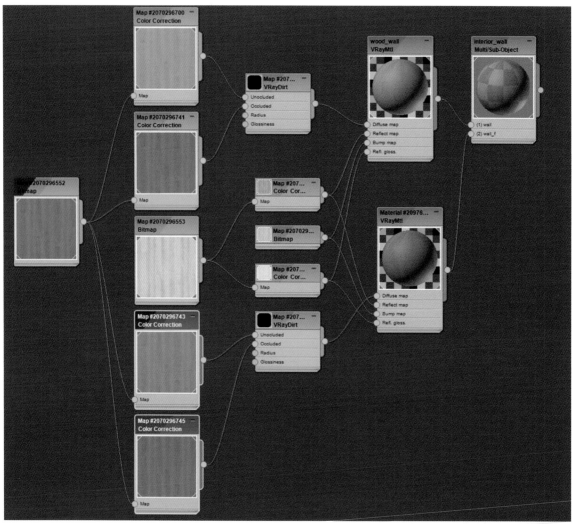

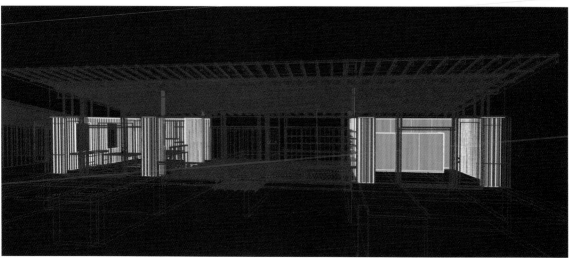

04 Beam Material

이 건축 구조의 뼈대가 되는 수평과 수직 Beam에는 어두운 Copper Metal 느낌의 재질을 적용했습니다.
오래되고 반사가 많지 않은 금속 느낌으로 만들었습니다.

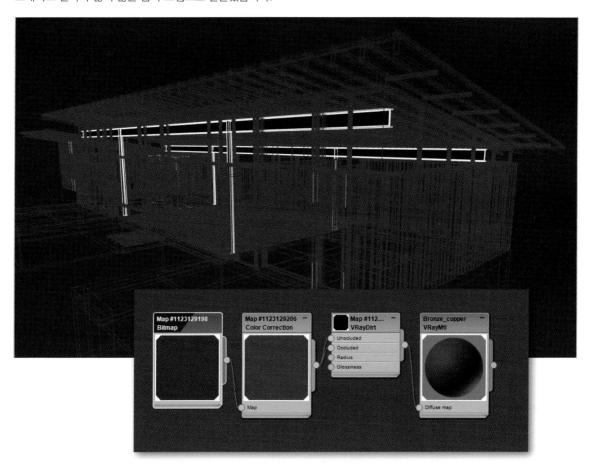

어두운 Copper Metal 느낌을 위해 Texture의 선택이 가장 중요합니다. 패턴이 너무 강하지 않은 자연스러운 Texture를 사용하는 것이 좋습니다. 오래된 금속의 느낌을 위해 번들거리지 않는 둔한 느낌의 약한 반사를 만들어줍니다.

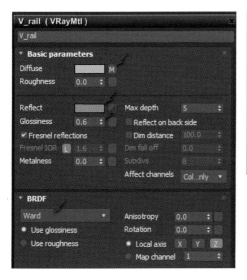

▲ 반사를 만드는 Reflect Color

Diffuse에 사용된 Copper Metal 느낌의 Texture입니다. Color Correction으로 Texture의 색상과 밝기를 조절하고 VRayDirt에 연결했습니다.

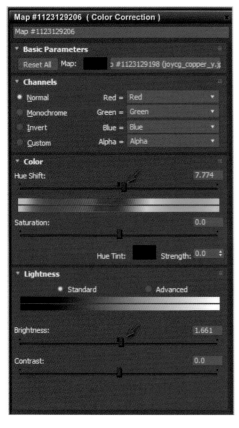

▲ Diffuse에 사용된 Copper Texture

VRayDirt map에서 장면에 맞게 Radius와 Falloff, Subdivs를 수정합니다.
Occluded Color와 Unoccluded Color에 같은 Texture를 연결하고, Occluded Color의 Map amount를 70%로 수정해서 Occluded Color의 검정색을 30% 사용하도록 했습니다.

Chapter 10 지형 Modeling

건물의 미비한 부분은 틈틈이 손보고 디테일을 추가하도록 하죠.
이제 호수 바닥과 주변 지형을 만들어야 할 것 같네요!

"어디에서 어떻게 시작할까?"

주변이 자세하게 나온 도면이 없으니, 사진을 참고해서 지형의 높이나 호수의 깊이를 결정해야 합니다.
음~ "내 마음대로!"라고 생각하면 마냥 편하겠지만, "아무것도 없이 어떻게 하지"라고 생각하면 엄청난 스트레스가 되겠죠!

어차피 상황이 변할건 없으니, 맘 편하게 내 마음대로 해보는 걸로! ^^
일단 건물과 호수를 중심으로 주변의 어디까지 만들어야 할지 가늠해 봅니다. Camera View에서 주변 지형이 끊겨보이지
않을 정도는 만들어야 문제가 없으니까요!

시작은 단순한 Plane 물체로 하고, 범위를 정하고 나면 단계적으로 디테일을 추가해 나가는 방식으로 진행합니다.

01 영역 설정

주변 환경에 대한 평면 스케치 이미지가
있다면 그 이미지를 기준으로 작업을 시
작합니다.

제 작업의 지형 물체는 오른쪽 그림과 같
은 크기입니다. 건물 주변으로 어느 정도
의 영역을 작업해야 하는지 참고하세요.

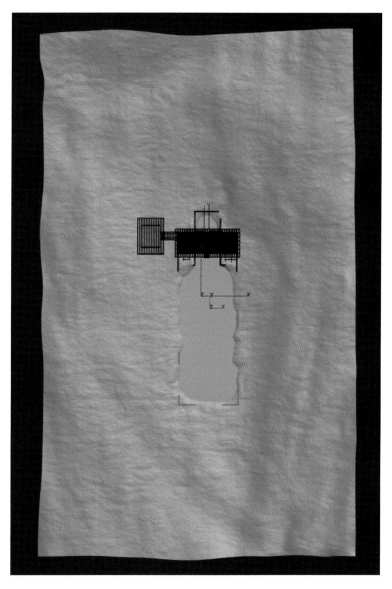

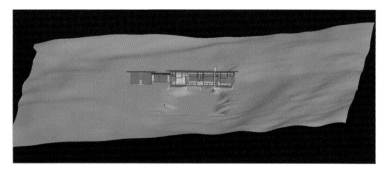

정면에서 보면, 건물의 왼쪽은 낮고 오른쪽으로 갈수록 높아지는 형태입니다.

건물 뒤쪽은 점점 높아지다가 지형 물체가 끝나는 부분에서 완만하게 내려오도록 해서 언덕과 비슷한 형태로 만들었죠!

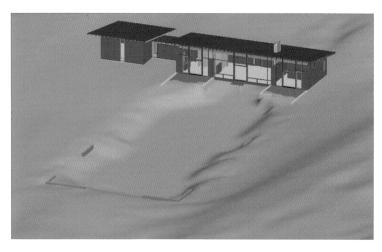

호수가 있어야 할 곳의 지형은 물이 채워질 수 있도록 밑으로 꺼진 형태로 만듭니다. Editable Poly의 Paint 기능이나 Ribbon 〉 Freeform의 Shift 기능을 활용해서 2m 정도의 깊이를 만들었습니다.

02 Detail Modeling

'호수 주변은 카메라가 근접해서 볼 수도 있지 않을까!'라는 생각에 면을 한 번 더 나누고 디테일을 만들었습니다.
(지금 생각하니 꼭 필요한 작업은 아닌 것 같아요! 식물이 많이 배치되면서 지형 물체가 거의 보이지 않으니까요.)

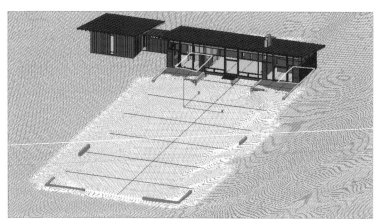

처음에는 Plane 물체의 면을 크게 나눠서 지형의 기본 형태를 잡고, 면을 나눠가면서 부분적인 디테일을 잡아 나갔습니다.
Edit Poly의 Paint Deformation을 사용해서 Painting 하듯이 면을 밀고 당겨서 불규칙한 굴곡을 만듭니다. 그 위에 TurboSmooth를 적용하면 면이 분할되면서 굴곡 형태가 부드럽게 수정됩니다. 이런 과정을 반복하면서 디테일을 추가합니다.

여러분이 생각했던 형태에 가까워지면 마무리 작업을 해야 합니다.

Texture나 Map을 사용해서 전체 면에 불규칙한 굴곡을 추가해보도록 하죠.

지금까지 만든 지형 물체를 확인해 봅니다. 웬만큼 굴곡이 있어 보이지만, 워낙 넓은 면적을 한 번에 봐서 그렇지 카메라가 지형에 근접해 있는 경우나 지형 위에 작은 식물이 배치되었을 때에는 밋밋한 느낌이 날 수도 있습니다.
지형 물체에 Displace modifier를 적용하고 Image 항목에 Smoke map을 넣어줍니다. Smoke map의 음영에 따라 지형 전체에 불규칙한 굴곡이 만들어집니다.

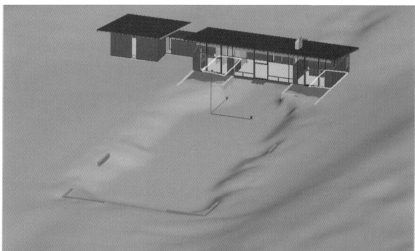

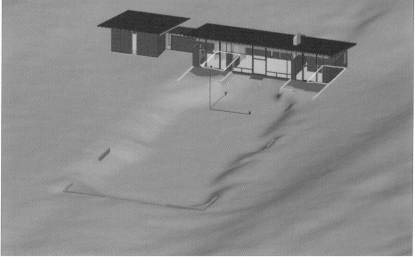

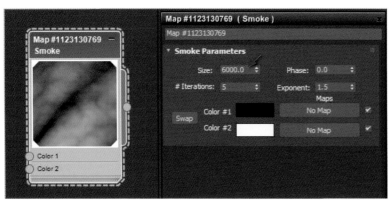

Displace에 사용된 Smoke map의 Size 수치를 수정해서 지형에 적용된 요철 크기를 조절합니다.

어느 정도 지형이 완성되면 UVW Map을 Planar 형태로 적용합니다.

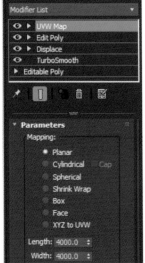

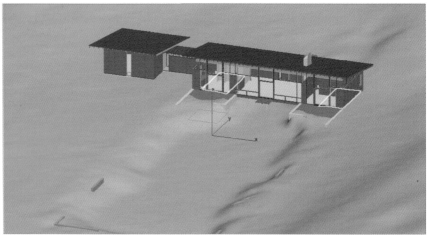

제 작업에서는 TurboSmooth와 Displace를 한 번 더 반복해서 형태를 마무리했습니다.
만약, Material 작업에서 Normal map을 활용한다면 이 과정은 필요하지 않을 것 같네요.

03 지형 Material

지형 재질을 만듭니다. Diffuse 색상은 임시로 기본 회색을 사용합니다.
Bump map에 흑백의 bitmap 이미지를 사용하고, Displacement에는 VRayNormalMap을 사용합니다.

이렇게 만들어진 지형 재질에 VRayBlendMtl을 사용하면, 수면과 가까운 지형이 물에 젖어있는 느낌을 만들 수 있습니다.
VRayBlendMtl의 Base에 지형 재질을 연결하고, Coat 1에 Base 재질을 복사해서 Diffuse Color만 어둡게 바꿔줍니다.
Blend 1에 VRayDistanceTex map을 연결하면, 이제 Base와 Coat 1 재질이 나타나는 조건을 정해 줄 수 있습니다.
호숫물을 표현하기 위한 물체와의 거리에 따라, 물에 잠긴 부분과 가까운 부분에 Coat 1이 표현되고 물 바깥쪽 지형에 Base
재질이 나타나도록 만듭니다.
이 상태에서 Test Rendering을 해보고 Coat 1 재질이 물속과 수면 근처 재질을 표현할 수 있도록 조절합니다.

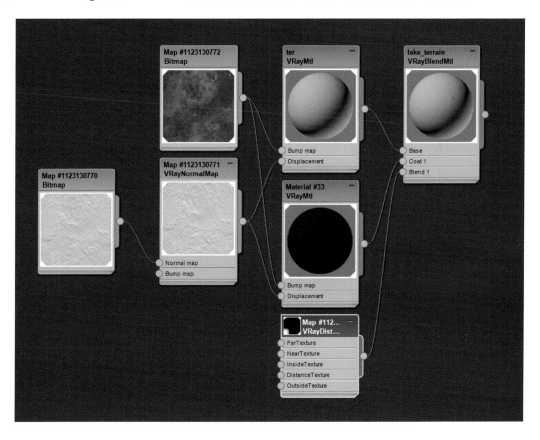

Base 재질과 Coat 1 재질은 Diffuse Color만 다르고 나머지 부분은 같은 상태입니다.
모델링이 완료된 후, 재질 세팅을 손보는 과정이 있기 때문에 옵션은 테스트를 위해서 단순하게 설정합니다.

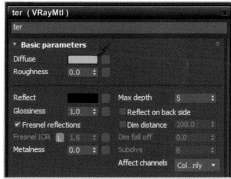

▲ VRayBlendMtl의 Base Material

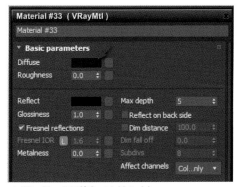

▲ VRayBlendMtl의 Coat 1 Material

Displacement map에 사용된 Normal Texture는 VRayNormalMap에 연결해서 사용합니다.

 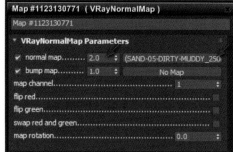

Blend map으로 사용된 VRayBlendMtl에서 Base와 Coat 1이 보여지는 조건을 설정할 수 있습니다.
VRayDistanceTex Objects에 'lake_water' 물체를 추가합니다. 이 물체가 Mask map 역할이라고 생각하면 됩니다.
아래의 그림과 같이 설정하면, 'lake_water' 물체와 겹쳐진 부분부터 Distance에 정의한 범위(1200) 내에는 Coat 1 재질
이 나오고, 이외의 영역에는 Base 재질이 나타납니다.

Chapter 11 Lake Water

물이 채워지지 않은 호수가 보이네요!
우리는 표면에 잔잔한 물결이 보이는 호수를 표현하려고 합니다.

"물결이 보이는 느낌이 좋겠지!"

도시에 살다 보면 호수나 강이나 바다를 볼 일이 거의 없습니다.
항상 바다를 보면서 살아가는 섬사람으로서 물의 움직임이나 바람은 매일 다르게 보입니다.

호수의 물은 잔잔하고 바람이 분다면 잔물결이 보이는 정도면 좋겠네요!
강이나 호수의 물 표면을 잘 관찰해보면 주변 물체나 물속 지형의 형태, 바람의 영향으로 어느 부분은 물결이 작게 보이고 어
느 부분은 물결이 크게 보입니다. 또 흐름이 빠르거나 느리기도 하죠!

그런 표현을 우리 작업에도 추가하면 아무래도 더 자연스러운 느낌이 되겠죠!

01 물 Object

Box를 이용해서 호수의 물을 만들어 줍니다.
물결 형태는 Material로 표현할 것이라서 따로 면을 많이 나눌 필요는 없습니다.

호수 바닥면이 Box 안쪽에 들어오도록 두께를 만듭니다.
물의 깊이감을 표현하기 위해서 물체에 두께가 필요합니다.

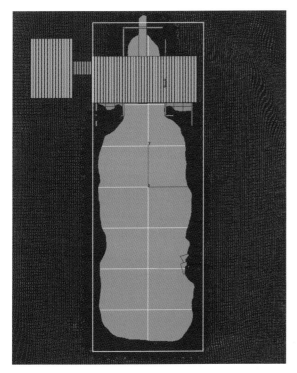

02 물 Mapping

만들어진 Box에 UVW Map을 Planar로 적용하고, Test Rendering으로 원하는 느낌이 나오게 Gizmo 크기를 조절합니다

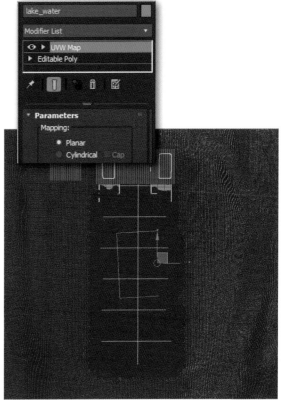

03 물 Material

이번 작업에서는 물의 특성을 어떻게하면 자연스럽게 표현할 수 있을까도 고민해 보았습니다.

표면의 물결 모양이 주변의 조건에 따라 다양하게 표현되는 현상이나, 깊은 곳과 호수 가장자리의 깊이감이 다르게 보이는 물의 특성을 Bump와 투명도를 조절해서 표현했습니다.

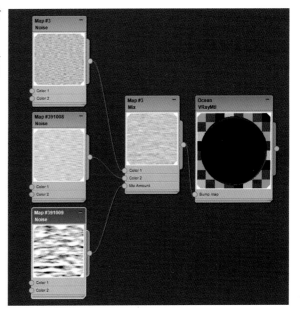

Refract Color를 255로 사용하기 때문에 Diffuse Color는 무시됩니다.
Reflect와 Refract, Fog 값을 수정합니다.

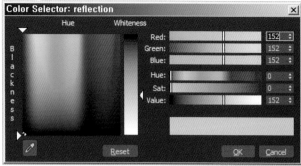

▲ 반사를 위한 Reflection Color

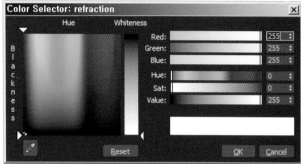

▲ 투명도를 위한 Reraction Color

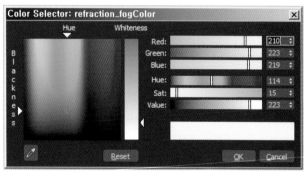

▲ 두께감을 위한 Fog Color

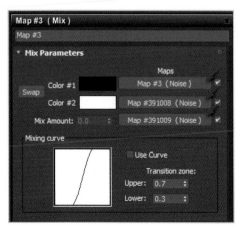

Bump map에 Mix map을 사용합니다.
큰 물결용 Noise map, 작은 물결용 Noise map, 그리고 이 두 개의
Noise map을 혼합할 아주 크고 부드러운 Noise map을 사용해서 다양
한 크기의 물결이 자연스럽게 섞여있는 Map을 만듭니다.

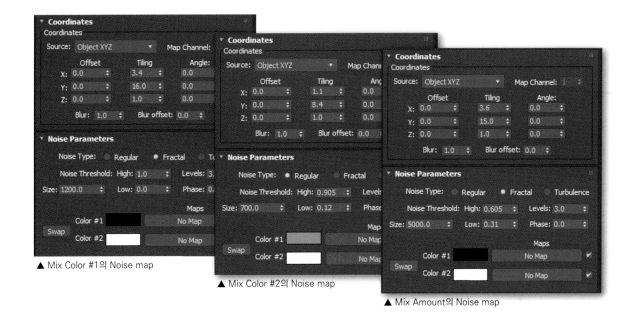

▲ Mix Color #1의 Noise map

▲ Mix Color #2의 Noise map

▲ Mix Amount의 Noise map

04 Rendering

필요한 물체가 모두 만들어지고 기본 재질을 지정하고 나면 Rendering 해서 확인해 봐야겠죠!
Render Option의 Override 재질 옵션에서 물, 지형, 투명한 유리 물체를 Exclude 시킨 후, Test rendering으로 확인합니다.

Scattering

집이 만들어졌나요?
그럼 정원을 가꿔야죠! 식물과 꽃도 심고 작은 나무, 큰 나무
도 심어서 예쁜 정원을 만들어야겠네요!

지금 우리는 산속 호수 옆에 집을 지었습니다.
집 주변으로 아주 큰 나무가 있고 그 아래로는 작은 나무들,
크기가 다른 식물들, 돌, 이끼 등 많은 것들이 있습니다.
호수 주변은 어떤가요? 사진을 참고해서 비슷한 식물 소스를
구입하거나 만들어서 심어줄 수 있어요!
혹은 여러분이 생각하고 있는 더 멋진 느낌을 표현해 보는
것도 좋겠습니다.

호수 주변에 갈대나 억새를 잔뜩 심어주고 물 주변에 큰 돌
들도 놓아주면 멋진 느낌이 될 것 같기도 해요!

나무와 식물

일단 건물이 완성되었다는 기쁜 소식이 들리는군요! 좋아요!
그럼, 잘 만들어둔 지형 위에 나무와 식물을 배치하면 되겠는데 말이죠!

나무와 식물은 어디서 구하지?

내가 필요한 나무와 식물은 어디서 구해야 할까요?
사진에 나온 나무와 식물의 Source Data가 있다면 가장 좋지만, 비슷한 형태라도 있어야 사진과 비슷한 장면 연출이 가능해지겠죠!
아니면 사용 가능한 Source Data를 활용해서 전혀 다른 새로운 구성으로 여러분의 상상력을 발휘해 보는 것도 좋습니다.
인터넷에는 수많은 정보가 있습니다. 잠깐의 검색만으로도 무료와 유료 소스들이 넘쳐납니다.
고민하지 말고 검색을 시작해 보세요! 정말 많은 소스가 존재하고 무척 디테일한 소스들도 판매되고 있으니까요!

Chapter 01 어떻게 심을까?

우선 장면에 사용될 식물을 종류별로 준비합니다.
키 큰 나무 2그루, 키 작은 나무 2그루, 억새, 키 큰 식물, 키 작은 식물, 잔디나 지피식물, 크기가 다른 돌 등을 준비해 둡니다. 너무 많은 소스 사용은 장면을 무겁게 해서 작업 진행을 방해하는 요소가 되기도 합니다.

"Plugin을 활용"

나무 Model Source 하나가 일반적인 건물 Model Source보다 몇십 배나 큰 Data를 자랑합니다. 이렇게 큰 Data의 Model Source를 장면에 수백 개씩 복사해서 배치하는 것이 가능할까요? Polygon Count가 너무 높은 장면은 Viewport 처리 속도가 느려져서 작업 진행이 불가능한 경우도 있죠.
VRayProxy를 사용하면 장면의 덩치를 키우지 않고 이런 Model Source를 무리 없이 사용할 수 있습니다. 실제 물체의 Data는 3ds Max 장면과 별도로 저장되고, 렌더링할 때만 물체의 Geometry 정보를 불러와서 사용하는 방식입니다.
Forest Pro [www.itoosoft.com]와 같은 Plugin을 사용하면, 1~2개의 Model Source를 Proxy로 만들어서, 크기나 방향을 불규칙하게 배치하면서 멋진 장면을 손쉽게 연출할 수 있습니다. 무료로 사용할 수 있는 기능 제한 버전과 유료 버전이 있으니 필요에 따라서 사용하시면 됩니다.
Forest Pro에 대해 더 알고 싶은 분은 Youtube 채널[www.youtube.com/joycg]의 강의를 참고하세요!

Plugin이 설치되고 배치될 나무와 식물이 모두 준비되었나요? Source Data가 준비되지 않았다면 Forest가 가지고 있는 기본 Library를 활용할 수도 있습니다.
그럼 Scattering을 시작해 볼까요!

01 배치될 영역 지정

각 소스가 배치될 영역을 지정해 주어야 합니다.
큰 나무, 작은 나무, 호수 주변으로 배치될 식물이나, 나무의 위치를 계획하고 Line으로 범위를 만들면서 이름도 정해줍니다.
어떻게 연출하고 싶은지에 따라 작업자마다 지정하는 영역의 형태가 다르겠지요. 제가 만든 Spline의 형태를 참고하세요.
(영역을 지정하기 위한 Line은 닫힌 형태로 만들어 줍니다.)

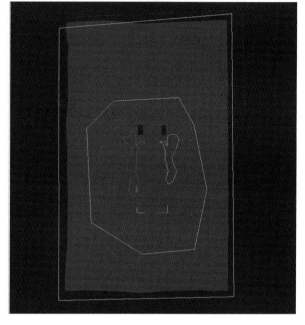

02 Model Source 준비

우선 장면에 사용할 Model Source를 모두 불러와서 Camera View에는 보이지 않는 구석진 곳에 모아둡니다.
Viewport 속도가 느려지지 않도록 물체는 Box 형태로 보이게 합니다.

나무와 식물을 형태에 따라 구분해 두고, 작업을 진행하면서 장면에 사용한 것과 사용하지 않은 것을 따로 구분해 두었다가 Scattering을 마친 후 사용하지 않은 물체는 장면에서 삭제해 줍니다.

무료나 유료 Model Source는 사용하기 전에 물체의 재질과 축을 자신의 장면에 맞게 수정하고 사용하시길 바랍니다!

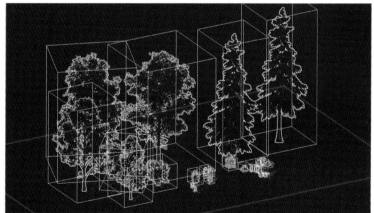

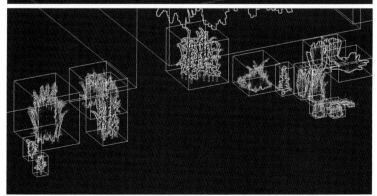

03 배치에 대한 생각

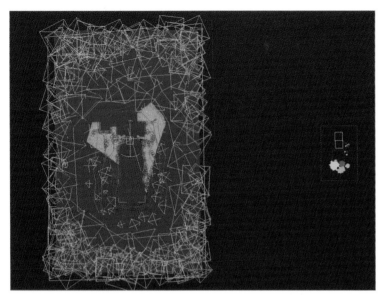

어떤 작업이든지 손이 움직이기 전에 머릿
속에서 한번 시뮬레이션해 보고 실행하는
것이 좋습니다.
충분히 계획했다면 물체를 하나씩 배치해
가면서 필요한 연출도 해주면 되죠!

왼쪽의 이미지는 배치를 모두 마친 상태
입니다.
Top View에서는 나무가 좀 성글게 배치
된 것처럼 보이기도 하네요!
나무는 너무 조밀하게 배치하지 않는 것
이 나무 사이로 빛이 통과할 수 있어서 좋
습니다.
실제 나무와 숲 사진들을 참고하면 더 좋
은 연출을 할 수 있겠죠.
Perspective View나 Camera View에
서 확인하면, Top View보다는 겹쳐 보이
기 때문에 확실히 좀 더 조밀해 보이죠.

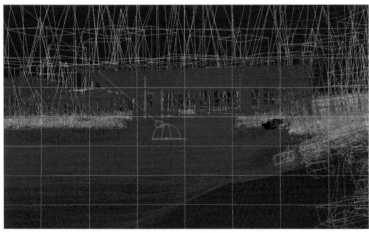

Scattering 작업 중간에
Test Rendering으로 진
행상태를 자주 확인해주
는 것이 좋습니다.
그래야 수정할 부분을 찾
아서 빠르게 수정할 수
있으니까요!

Chapter 02 Scattering

모든 준비가 끝났나요? 그럼 소스를 배치해 봅시다.
순서는 상관없으니 여러분의 마음속에 있는 순서를 따라가세요!

"Layer를 활용하자"

장면이 완성되어 갈수록 그 많은 요소를 모두 꺼내놓고 작업하는 건 바보 같은 일입니다.
인테리어 공간, 외부 건물(그중에서도 창문, 문, 지붕 등을 구분), 지형, Model Source, Scatter를 위한 Forest, 조명 등을
구분해서 각자 Layer로 만들어서, 당장 필요한 것만 보이게 하고 작업을 진행합니다.

이제 본격적인 Scattering을 해야겠네요!
이번 작업에 필요한 물체만 남기고 나머지 Layer는 숨겨둡니다. 건물의 형태와 위치를 파악할 수 있도록 Spline으로 건물 형태를 만들어둡니다.
지형과 물, 그리고 배치를 위한 Spline, 나무와 식물 Souce를 남기고 작업을 시작합니다.

01 가장 키 큰 나무

건물 주변 외곽 쪽으로 키 큰 나무를 배치합니다.

모양이 다른(같은 수종) 나무 2그루를 준비하고,
서로 구별될 수 있게 Proxy 물체의 색을 다르게
지정했습니다.
Viewport 속도를 위해서 배치된 Proxy 물체가
단순한 형태로 보이도록 설정합니다.

2개의 나무만 가지고 반복해서 배치했지만, 다양
한 크기와 방향으로 불규칙하게 뿌려졌기 때문에
모두 다른 나무처럼 보이게 됩니다.

이제 Forest의 자세한 옵션을 알아볼까요.

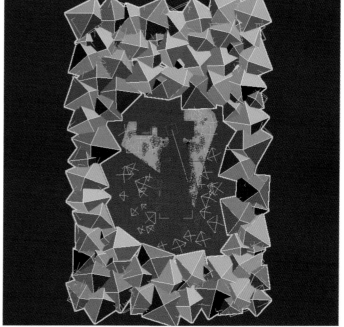

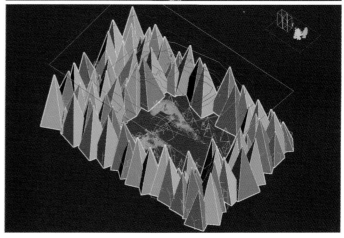

Forest 명령을 실행하고, 큰 나무가 배치될 Spline을 클릭하면 Forest의 기본 물체(Plane)가 장면 내에 배치됩니다.

Modify panel에서 Geometry의 기본 물체를 Custom Object로 바꾸고 준비한 나무소스를 선택합니다. "+" 버튼을 눌러서 소스를 계속 추가할 수 있습니다. 준비한 2개의 소스를 모두 추가합니다.

Geometry의 Color ID에 보이는 색상으로 Viewport에서 어떤 물체가 어디에 배치되고 있는지 확인할 수 있어요!

소스의 Scale이나 사용될 %를 조절하는 곳도 Geometry 부분입니다.

Areas는 영역을 설정하는 부분입니다. 처음에는 Forest 명령을 실행하고 선택했던 Spline만 목록에 보입니다.

Spline을 추가한 후 Exclude 옵션을 사용하면, 해당 Spline의 안쪽에는 소스 물체가 생기지 않습니다.

Surfaces 롤아웃에서 지형을 선택하면, 동시에 Areas 목록에도 Surface Area가 생깁니다. Surface에 선택된 물체가 있다고 알려주는 것이죠!

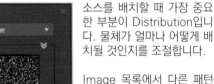

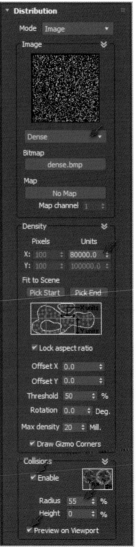

소스를 배치할 때 가장 중요한 부분이 Distribution입니다. 물체가 얼마나 어떻게 배치될 것인지를 조절합니다.

Image 목록에서 다른 패턴으로 바꿔주거나, 여러분이 원하는 Bitmap을 선택해서 사용할 수도 있죠!

Density에서 정한 Units 크기에 선택한 이미지가 매핑되고, 흰색 부분에 소스가 배치되는 개념입니다.

Collisions 옵션을 사용하면 소스 물체가 서로 겹치는 정도를 조절할 수 있습니다.

Preview on Viewport 옵션을 켜고 소스 물체가 겹치는 모양을 Viewport에서 확인하며 수정할 수 있죠!

Surface는 소스가 배치될 표면 물체를 설정하는 부분입니다.
소스들을 지정된 물체의 면 위에 붙여줍니다. 입체적인 배치가 가능하죠.
"+" 버튼으로 장면의 지형을 선택하면 소스들이 지형의 표면 형태에 따라 배치됩니다.
Lite 버전에서는 지원되지 않는 기능입니다. 간략하게나마 Spline을 지형 바로 밑에 두고 배치하는 식으로 사용할 수 있겠죠.

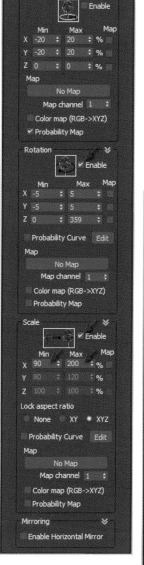

Transform은 꼭 사용해야 하는 기능입니다.
소스 물체의 위치, 회전, 크기를 불규칙하게 만들어주죠!
나무를 배치할 때에는 보통 Rotation과 Scale을 사용합니다.
Rotation은 기본 값을 사용하고, Scale은 사용하는 소스와 장면에 맞게 최대, 최소값을 입력합니다.

Display는 View에서 Proxy가 어떻게 보일지를 선택하는 부분입니다.

보기 편하고 부담없는 형태는 Pyramid Proxy 타입입니다.

02 키 작은 나무

키 큰 나무의 아래에 키 작은 나무도 배치해 줍니다.
지형이 끊어지는 부분이 Camera View에서 보이지 않도
록 하기 위해서, 그리고 키 큰 나무의 아래쪽으로 뒤쪽 빈
공간이 보이지 않도록 적당히 배치합니다.

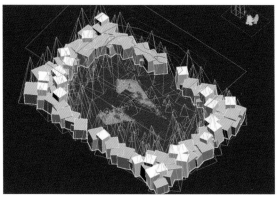

키 작은 나무는 중요도가 그리 높지 않아서 소스 물체를 1개만 사용해도 괜찮습니다.
이 소스 물체가 몇 % 나타날 것인지 Probability로 조절합니다.

Distribution에서 Image는 Dense map을 선택합니다.
Collisions를 켜서 소스 물체가 서로 많이 겹치지 않고 배치
될 수 있게 합니다.

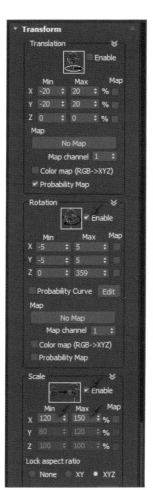

나무 소스가 배치될 Surface를 선택합니다.
Direction의 Up에서 Normal 방향으로 수치를 조금 조절해서, 지형에 나무들이 배치될 때 배치되는 위치의 면 방향에 맞춰 약간 기울어지도록 합니다.

Rotation과 Scale 옵션을 사용하고 Scale의 Min, Max 수치를 조절합니다.

Display에서 Proxy가 Box 형태로 보이도록 조절해서 키 큰 나무와 구별되도록 합니다. (물론 키 차이도 나겠지만 ^^)

03 호수 주변 작은 나무

주택의 양쪽과 호수 둘레로 어느 정도 공간이 유지되도록 작은 나무를 심었습니다. 외부의 나무들과 거리감도 느껴지고 공간감도 생기겠죠!

Camera를 설치하고나서 배치된 나무 중 몇 개를 이동시켜 View에 맞게 연출 하는 것도 좋습니다.

집 주변으로 나무들이 배치될 Spline을 선택해서 카메라에 더 가깝게 보이는 나무들을 배치합니다.
건물 키를 넘지 않는 높이의 나무들로 형태나 종류가 다른 몇 가지를 사용했습니다.

Areas는 앞에서와 같이 나무가 배치될 Spline을 선택하고 나무를 배치한 상태입니다.
이렇게 Areas에서 더 이상 작업할 수 없는 이유는 배치된 나무를 필요한 위치나 크기로 조절할 수 있게 Items Editor를 사용했기 때문입니다.

Distribution 부분도 앞의 과정과 같이 이미지를 선택하고 Density의 Units를 조절해서 생각하는 것과 비슷한 배치를 만들었습니다.
Items Editor를 사용하면 나머지 옵션은 조절할 수 없는 상태가 됩니다.

Surface에 지형 물체를 선택해 줍니다.

154

Items Editor에서 Custom Edit 옵션을 선택합니다.
Custom Edit 아래 나무 아이콘으로 배치된 나무를 선택하고 지우거나 위치와 크기를 조절
할 수 있습니다.
Camera View에서 개별 나무의 위치나 크기를 바꿔서 화면을 연출할 수 있습니다!

Rotation과 Scale 옵션을 사용하고 Scale의 Min, Max 수
치를 조절해서 View에서 봤을 때 필요한 크기로 만듭니다.

Display에서는 Proxy가 보
여지는 형태를 Pyramid로
설정합니다.

04 호수 주변 억새

호수 주변과 건물 앞쪽 일부분에 억새를 배치합니다.
일단은 그룹 지어 있어야 하기 때문에 그런 느낌이 만
들어지도록 배치하는 것을 기본으로 합니다.

그리고 연출을 위해 특정 부분의 배치 물체를 지우거
나 위치를 이동시키는 작업을 추가로 해줍니다.

Forest를 실행하고 장면에서 억새가 배치될 Spline
을 선택합니다.

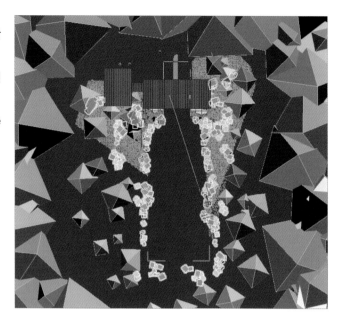

장면에는 3가지 형태의 억새를 사용했습니다.
4~5개의 줄기가 군집된 형태와 줄기 하나만 있는 형태 2개, 이렇게 3가지를 추가해서 표현
될 Probability %를 각각 조절했습니다.
View에서 확인하면서 각 소스 물체별로 Scale을 조절해 주기도 했죠!

Distribution에서는 Dense.bmp이미지를 사용하고 Units
값을 조절해서 호수 주변에 군집으로 소스들이 뭉쳐지는 형
태를 만듭니다.

물체들이 배치되면 Items
Editor의 Custom Edit을
이용해서 장면에 배치된 물
체들을 개별적으로 수정합
니다.

Items Editor를 사용하면 Areas 옵션을 더이상 사용할 수 없기 때문에 Items Editor를 사용하기 전에 Area 추가 작업을 먼저 하는 것이 좋습니다.

Rotation과 Scale 옵션을 사용하고 Scale의 Min, Max 수치를 조절해서, View에서 봤을 때 필요한 크기로 만듭니다.

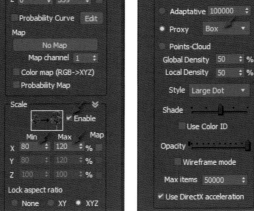

Display에서 Proxy를 Box 형태로 보이게 조절합니다.

Surfaces에서 지형을 선택합니다.

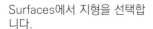

05 작은 식물 [Grass]

잔디 같은 작은 식물을 집 주변으로 배치했습니다. 많은 양을 배치해야 어색하지 않기 때문에 Test가 필요한 부분입니다.

Forest에서 한계치보다 많은 개수를 입력하면 View에서는 보이지만 Rendering 했을 때 보이지 않는 경우가 있습니다.

이런 문제는 Display 옵션을 수정해서 Rendering이 가능하게 할 수 있습니다.

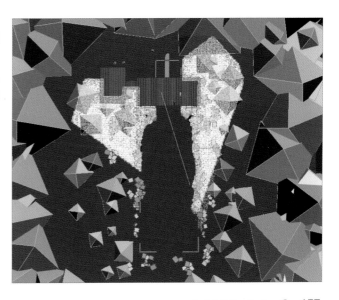

잔디는 2개의 군집 소스를 사용했습니다. 넓은 영역을 잔디로 채워야 하기 때문에 군집 형태가 필요합니다.
가능하면 오래되고 시든 잔디와 녹색 잔디, 이렇게 2개의 Forest로 나눠서 사용하시길 권합니다.

하지만, 이 장면에서는 오래된 잔디와 녹색 잔디 물체를 섞어서 뿌렸습니다.
잔디가 많이 노출되어 보이지 않기 때문이죠.

잔디가 배치될 Spline을 수정하거나 Surface에서 선택한 물체도 표시됩니다.

잔디 물체로 넓은 영역을 가득 채우기 위해서 Image는 Full이나 거의 흰색에 가까운 이미지를 사용해서, 빽빽하게 물체가 배치되도록 합니다.

Units도 작은 값을 사용하지만 너무 작은 값을 넣게 되면 오류창이 보이기 때문에 장면에 표현 가능한 크기를 넣고 조절해 가세요!

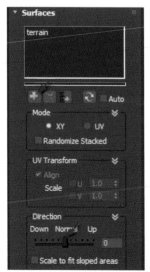

배치된 잔디가 놓이게 될 지형을 선택합니다.
군집 형태의 잔디를 사용할 때 Direction은 Normal을 선택해서 지형의 면에 맞게 기울어지도록 해야 합니다.

자세한 내용은 Youtube 채널의 동영상을 참고하세요!

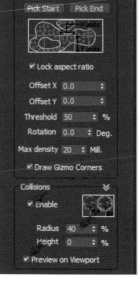

Camera에서는 따로 카메라를 선택하지 않고 Auto assign to active view를 선택합니다.
잔디처럼 배치해야 할 물체의 양이 많을 때, 카메라에 보이는 부분만 물체가 배치되어 보이고 나머지 부분은 숨기는 기능입니다.
Area의 Limit to visiblility옵션을 체크해서 카메라 범위보다 약간 넓게 물체가 배치되도록 합니다.

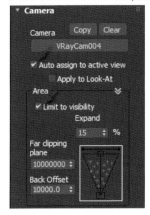

Rotation 옵션을 선택하고, 소스 물체의 바닥이 뜨지 않도록 X, Y축 회전 값은 사용하지 않습니다. Scale 옵션을 선택해서 Min은 100%보다 작게, Max는 100%로 만들고 View나 Rendering Test를 통해 필요한 크기로 조절합니다.

잔디는 Proxy에서 Box 형태로 보이게 합니다.
배치된 개수가 많아서 Rendering이 되지 않는다는 메시지가 뜨거나, Rendering 했을 때 보이지 않는 경우가 있습니다.
이 때 해결책은 Render 영역의 Max items 값을 올려서 Rendering에 보일 수 있는 수치로 만들어주면 됩니다. (Test Rendering이 필요합니다.)

06 키 큰 식물 [Long Grass]

배치에 사용하는 옵션이나 방식은 앞의 과정과 거의 비슷합니다. 억새 아래쪽으로는 긴 풀이나 물 근처에서 볼 수 있는 식물을 3~4 종류 배치해 줍니다.
물속의 일정 부분까지 들어가게 배치하면 더 자연스러운 연출이 되겠죠!

또, 부러지고 오래된 느낌의 나무 줄기를 몇 개 준비해서, 카메라를 기준으로 물과 지형의 경계에 부려서 연출하면 더 멋진 결과를 얻을 수 있습니다.

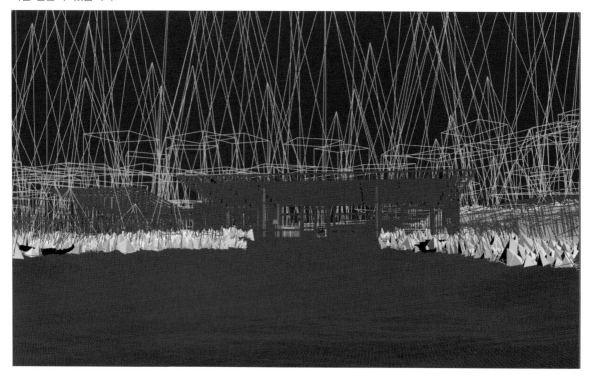

07 돌

작고 큰 크기의 돌을 만들고 나무 사이나 물가 주변에 배치하는 것도 좋은 연출이 됩니다.
어디에서 건물을 바라 보고, 그 주변을 어떻게 연출하는가에 따라서 장면의 느낌이 많이 달라지기 때문에 여러 사진들을 참고해서 자신만의 연출을 해보시길 바랍니다.

08 Rendering

Environment and Effect 창을 열고, Model Test Rendering을 위해 추가했던 VRayToon을 해제합니다.
이제 제대로 Render Test를 진행해야 하니까요!

Render Setup 창에서는 Override Mtl 옵션을 해제해서 장면의 Material이 제대로 표현되도록 합니다.

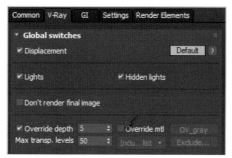

장면에 Camera를 만들고 여러분이 원하는 View로 조절합니다.
저는 JOYCG의 무료 Script를 이용해서, VRayPhysicalCamera를 만들어서 사용했습니다.
Focal Length와 Shutter Speed를 조절하고, 여러 방향에서 Rendering 해서 장면을 확인합니다.

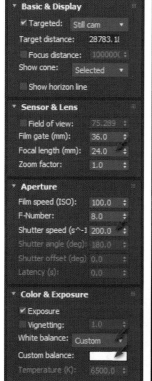

Materials

물체에 재질과 맵 좌표를 지정하는 것은 Modeling 과정에
속한다고 할 수 있습니다.
Material 과정은 지정해 둔 재질을 수정하면서 완성도를 높
이는 작업이라고 할 수 있죠.
물론 간단한 재질은 처음 설정 그대로 사용하기도 합니다.

이번 장면의 주인공인 풀과 나무, 물, 돌 등 자연환경을 사실
적으로 표현하는 것은 쉽지 않은 일입니다.
주변과 어울리는 자연스러운 Color와 채도, 반사 느낌을 잘
표현하는 것이 중요합니다.
물과 맞닿은 부분의 처리가 어색함을 없애는 중요한 포인트
가 될 것 같네요.

재질을 수정하고 Test Rendering 하면서 실제 사진과 차이
점을 줄일 수 있도록 노력합니다.

자연스러움

Modeling 작업 과정이 마무리 될 즈음에는 Material 작업의 80~90% 이상 마무리되는 것이 일반적입니다
이제부터 Test Rendering을 통해 부족한 재질이나 조명을 수정하는 작업을 합니다.
이 작업에서는 실내 조명을 설치하지 않고 VRaySun과 VRayLight의 Dome Type을 사용하고 있습니다.

재질 작업에서 가장 많이 하는 실수는?

Material 작업 과정에서 3ds Max 작업자가 쉽게 놓치고 있는 것이 무엇일까요? 중급자 정도가 되면 이런 실수는 스스로 습득하거나 여러 과정을 통해서 자연스럽게 고쳐지게 됩니다.
CG로 만든 장면이 우리가 살고 있는 현실과 가장 다른 부분은 너무 깨끗하다는 점입니다! 그냥 Color와 Texture만 지정해 놓고 Rendering하면, 채도는 너무 높고 재질은 너무 깨끗하게 나와서 비현실적으로 보입니다. 우리가 사는 현실 세계는 대기로 꽉차있으며 어느 곳에나 먼지가 있고 흠집없는 표면 따위는 없다는 사실이죠. 이런 요인들을 표현해주면 장면이 좀 더 자연스럽게 느껴집니다.
매일 보고 생활하는 현실 속 자연스러움이 3D작업에서는 왠지 모르게 인위적으로 작업되고 있는 것이죠!
3ds max는 인공지능이 아니므로 Texture나 Color를 그대로 사용할 뿐 표현을 위해 자동으로 수정해주진 않습니다.

Chapter 01 Materials 이해하기

재질의 흐름을 읽으려고 노력하세요!
전체적인 재질의 흐름을 이해하지 못한 채로 복잡하게 연결된 재질 Node의 덩어리만 보고 있자면 숨이 막히고 답답해질 뿐입니다. 이 재질이 왜 여기에 사용되고 있는지 그 이유를 알고 나면 재질의 흐름이 눈에 들어오기 시작하죠.

"생각보다 간단한 Materials"

작업을 많이 하다 보면, Materials 작업에서도 실패하지 않는 룰이 자연스럽게 생기게 됩니다.
기본 룰을 몸에 익히고 나면 어떤 조건에서도 항상 비슷한 수준의 결과물을 빠르게 만들 수 있죠. 여기에 창의력만 더한다면 더 멋진 결과를 얻을 수 있습니다. 간단한 룰만 이해할 수 있다면 재질 작업이 그렇게 어렵지만은 않을 거예요.

유리나 외부의 Wood Material은 그대로 사용할 생각입니다. 추가적으로 수정되는 재질 위주로 살펴볼게요!
건축 유리에 대한 설명은 Realistic Materials 책에서 자세하게 다루고 있습니다. 재질에 대해 더 깊은 이해가 필요한 분들은 그 책을 참고해주세요!

01 Terrain Material

지형의 Texture와 디테일한 표현을 만들어 봅니다.

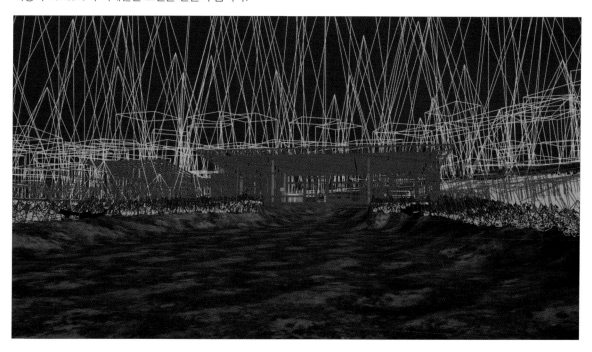

Modeling 할 때 만들었던 지형 재질에 Diffuse Texture만 추가로 연결합니다. Diffuse Texture를 Base와 Coat 1 재질의 Diffuse map에 각각 연결하고, Coat 1 재질은 물에 젖어 있는 느낌을 위해 좀 더 진하게, 반사값을 갖도록 조절했습니다.

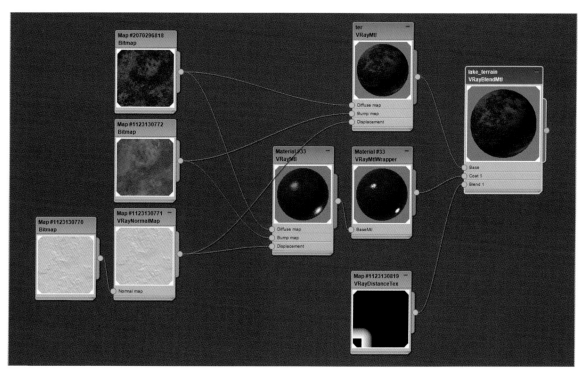

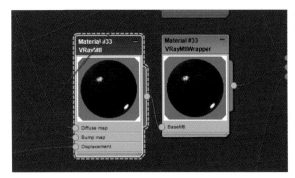

Coat 1의 반사 옵션을 조절하고 VRayMtlWrapper를 중간에 추가합니다.

VRayMtlWrapper의 Receive GI를 "0.8"로 수정합니다.
주변의 물체가 발산하는 간접광(GI)을 1.0보다 적은 0.8만큼만 받겠다고 설정했기 때문에, Rendering하면 Base 재질보다 조금 어둡게 보이겠죠.

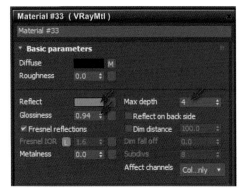

Reflect Color와 Glossiness를 수정합니다.

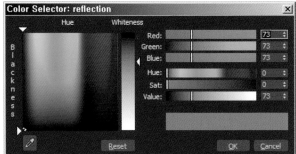

Coat 1의 Blend map에 사용한 VRayDistanceTex 옵션에서 선택한 'lake_water' 물체의 안쪽까지 Coat1 재질이 표현되도록 Inside Solid 옵션을 체크합니다.

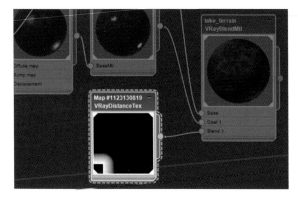

02 Water Material

물 재질에서는 표면에 떠 있는 작은 부유물을 표현하고 싶어서 조절해 봤습니다. 개인 작업에서의 과정이므로 이렇게 만들었군 정도로 보시면 될 것 같아요! 자연스러운 물의 느낌을 표현하고 싶어서 Test를 많이 해보고 결정한 최종 재질입니다.

만들어 두었던 물 재질에 VRayBlendMtl을 적용해서 기존 재질을 Base Material로 사용합니다.
2개의 Coat 재질을 사용했습니다. Caot 1은 물 표면의 탁한 먼지 느낌(반사를 탁하게 표현하게 할지도!)을 표현하는 용도입니다. 그리고 Caot 2는 물 표면에 떠다니는 부유물을 표현하기 위해서 Blend map으로 섞어 주었습니다.

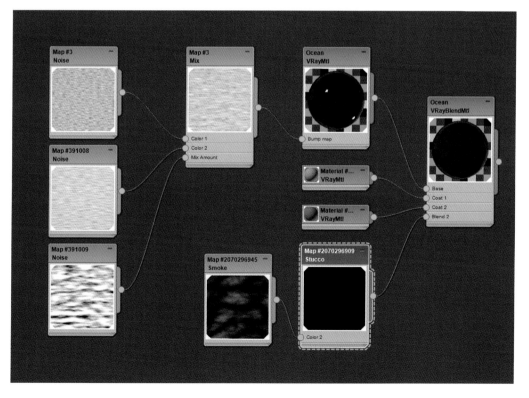

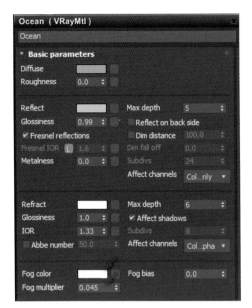

Base Material의 물 재질에서는 Fog color와 Fog multiplier만 수정해 주었습니다.

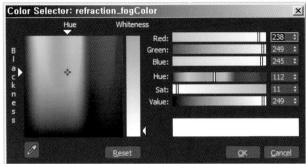

▲ Refraction의 Fog Color

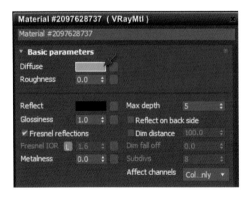

Coat 1 Material은 기본 VRayMtl을 연결하고 Diffuse color만 수정한 상태입니다. 물 표면에 표현하고 싶은 Color를 사용했습니다.

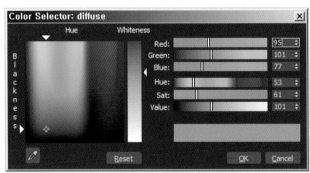

▲ Coat 1의 Diffuse Color

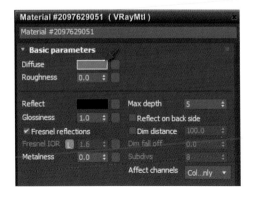

Coat 2 Material은 기본 Coat 1 Material을 복사해서 Diffuse color만 수정한 상태입니다. 물 표면에 부유물이 갖는 Color 입니다.

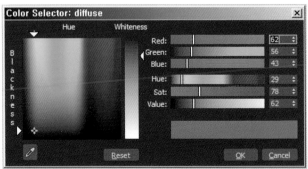

▲ Coat 2의 Diffuse Color

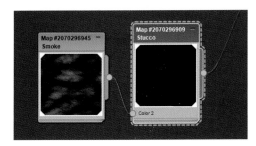

Blend 2 map에는 Stucco map을 사용합니다. Stucco map의 Color 2에 Smoke map을 사용해서 맵의 패턴을 좀 더 불규칙하고 작은 입자로 만들어줍니다.

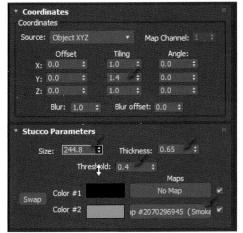

Stucco map의 옵션을 살펴봅니다. Color #1은 완전 검은색을 사용하고 Color #2에는 Smoke map을 사용합니다.

Test Rendering 하면서 Tiling과 Size를 조절하는 것이 좋습니다. 부유물이 불규칙한 Smoke 패턴 사이사이로 보이는 듯한 형태가 됩니다.

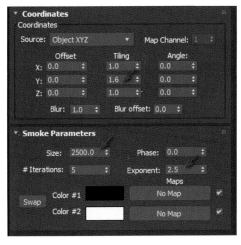

Smoke map의 옵션을 살펴봅니다. Color #1은 완전 검은색을 사용하고 Color #2에는 완전 흰색을 사용했습니다.

역시 Test Rendering 하면서 Tiling과 Size를 조절합니다.

VRayBlendMtl의 옵션을 살펴봅니다.

Coat 1 재질을 Base 재질에 얼마나 Coating 해줄 것인지는 Blend amount의 Color로 정해줍니다.

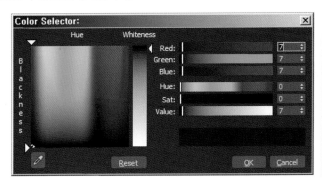

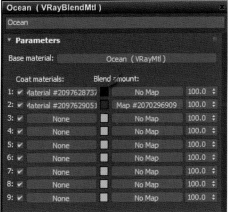

03 Concrete Material

건물 아래에 위치한 Concrete 물체에는 물과 닿아 있는 부분이 있습니다.
VRayBlenMtl을 이용해서 물속과 물 위에 살짝 젖어 있는 부분을 표현했습니다.

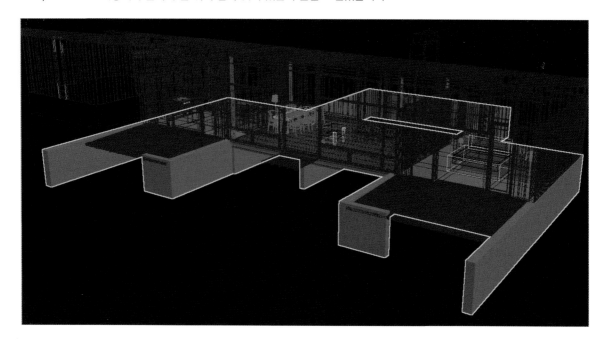

이미 만들어두었던 Concrete 재질을 VRayBlentMtl의 Base와 Coat 1에 연결합니다. Coat 1에 연결된 Concrete 재질에서 Diffuse를 좀 더 어둡게 만들고, 물에 젖은 느낌을 위해 반사 효과를 추가합니다.

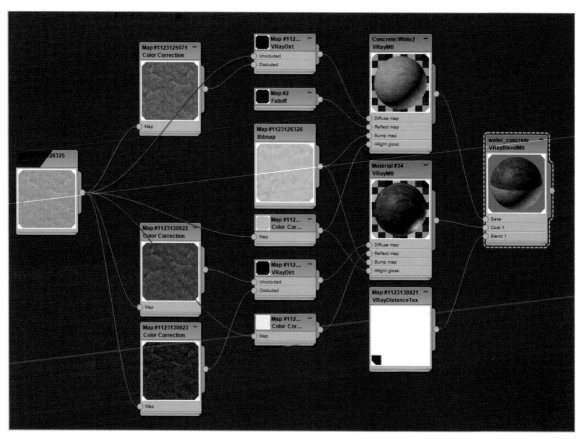

Base Material을 복사해서 Coat 1에 연결하고 Reflect Glossiness 값을 수정합니다.
Reflect map과 Diffuse map도 수정해서 물에 젖은 효과를 만듭니다.

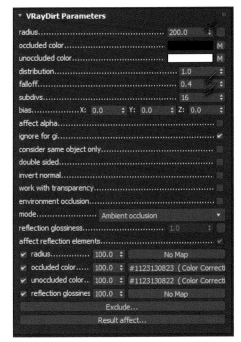

Diffuse에 사용된 VRayDirt map도 복사해서 다시 Coat1의 Diffuse에 연결해 줍니다.
원본 Texture를 Color Correction에 연결해서 Gamma 옵션만 수정해서 Occluded Color와 Unoccluded Color에 연결합니다.

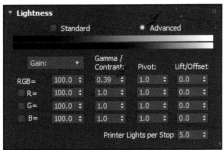

▲ Occluded Color의 Color Correction

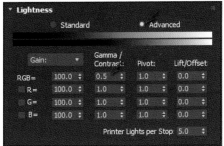

▲ Unoccluded Color의 Color Correction

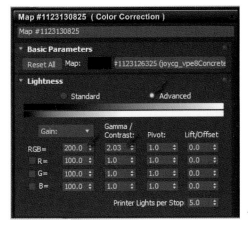

Reflect map에도 Diffuse Texture를 Color Correction에 연결해서 사용합니다. Lightness 수치를 조절해서 밝게 수정합니다.

◀ Refelct map에 사용된 Color Correction

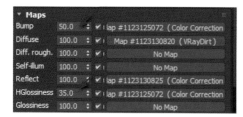

Bump map Amount를 50으로 수정합니다.(Test Rendering으로 Bump 효과를 확인하면서 수치를 조절합니다.)
HGlossiness의 Map Amount는 35로 수정해서 Map을 35%, Reflect glossiness 수치를 65% 섞어서 사용합니다.

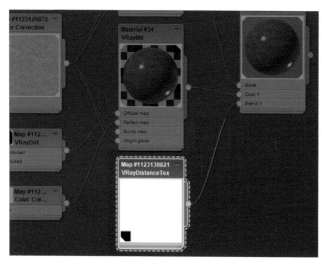

Blend map으로는 VRayDistanceTex map을 사용했습니다.

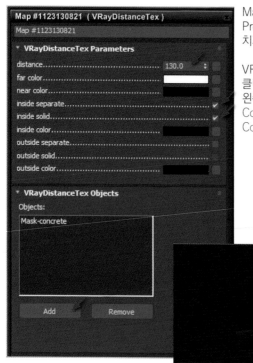

Mask-concrete라는 이름으로 아래 이미지처럼 Box를 만들고, Object Properties에서 물체가 렌더링 되지 않도록 설정합니다.(Box 물체의 위치가 중요합니다.)

VRayDistanceTex map에서 VRayDistanceTex Objects의 Add를 클릭하고 'Mask-concrete'를 추가해줍니다.
왼쪽 이미지와 같이 옵션을 수정하면 Box와 겹쳐지는 부분에는 원래 Concrete 재질이 나타나고, Box의 바깥쪽 영역에는 물에 젖은 느낌의 Concrete 재질이 나타나게 됩니다.

▲ Rendering은 되지 않고 VRayDistanceTex의 Object로 사용된 Box 물체

VRayDistanceTex에 사용한 Box 물체는 Object Properties 에서 Rendering Control의 Renderable 옵션을 꺼주기만 하 면 됩니다.
물론 Box 형태뿐 아니라 어떤 형태도 사용이 가능해요!

04 Concrete Floor Material

건물 양쪽 출입문의 안팎으로 바닥 물체에 같은 Concrete Material을 적용했습니다.
다른 느낌의 Material을 사용할 수도 있지만, 외부 바닥에 Modeling으로 홈을 만들었기 때문에 같은 재질을 사용했습니다.

노출 콘크리트만으로 좀 부족한 느낌이라서 앞에서 사용한 Concrete Texture와 노출 콘크리트 Texture를 혼합해서 사용했습니다.

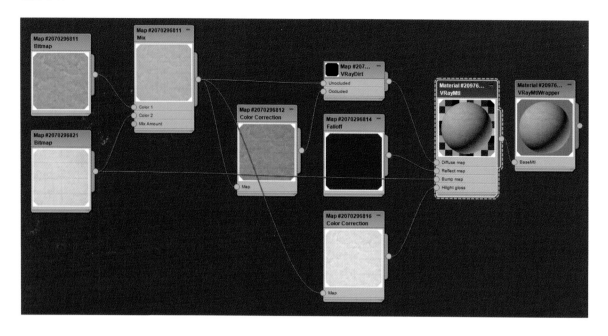

외부에서 직사광선을 받는 물체의 재질이라서 타는 현상을 줄이기 위해 VRayMtlWrapper를 사용했습니다.

기본은 VRayMtl 재질입니다.
2개의 Texture를 Mix map으로 혼합하고 VRayDirt에 연결해서 필요한 Concrete 느낌을 만듭니다.
이렇게 만든 재질에 Color Correction만 연결해서 Bump와 Hilight Gloss에도 사용합니다.

▼ Mix map에 사용된 Texture

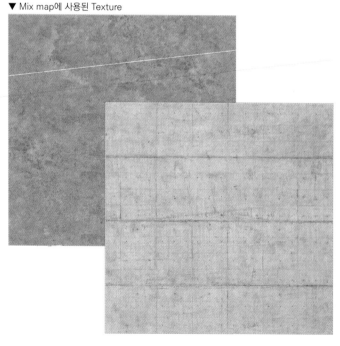

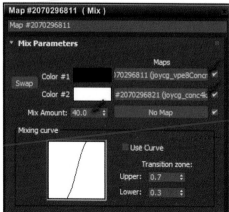

만들어진 Mix map을 VRay-
Dirt의 Unoccluded에 연결
합니다. Occluded에는 Color
Correction으로 어둡게 만든
재질을 연결합니다.

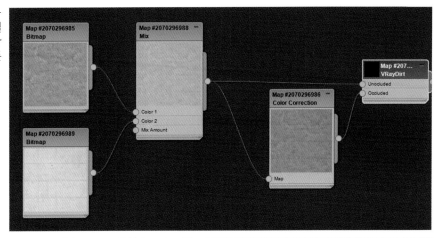

VRayDirt map의 Radius는 150으로 수정하고, Falloff와 Subdivs를
수정합니다.

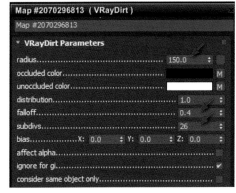

Reflect map에 Falloff map을 사용하고 Falloff Type을 Fresnel로 바꾼 후, Front Color와 Side Color를 수정합니다.

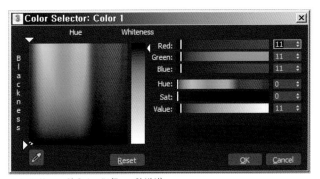

▲ Falloff map의 Color #1(Front의 반사)

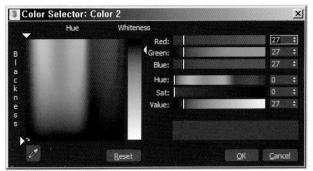

▲ Falloff map의 Color #2(Side의 반사)

Hilight gloss에는 Diffuse map에 사용한 기본 Texture를 Color Correction으로 밝기를 조절해서 사용합니다.

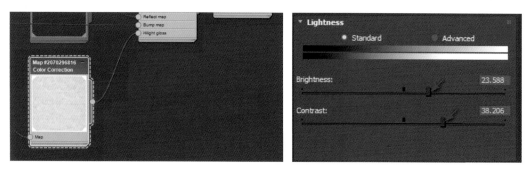

재질이 완성되면 마지막으로 VRayMtlWrapper를 VRayMtl 앞에 추가하고 Receive GI를 낮춥니다.

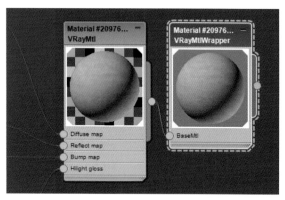

05 Roof Material

지붕 재질도 더 사실적으로 보이도록 수정이 필요합니다. 채도나 모서리의 처리, 반사 등을 손봐서 너무 튀지 않고 장면에 자연스럽게 어울리는 재질을 만들 수 있습니다.

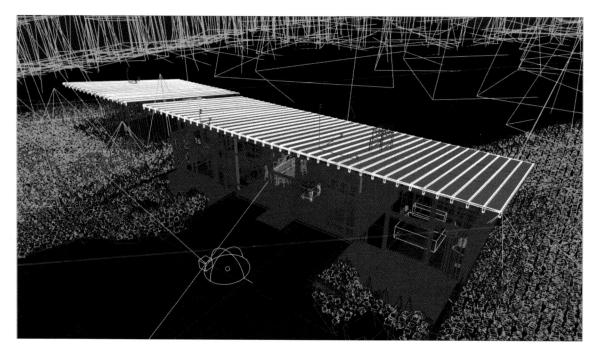

Diffuse의 Texture의 느낌
을 조금 명확하게 하고, 전체
재질에는 살짝 탁한 느낌을
추가해 주었습니다.

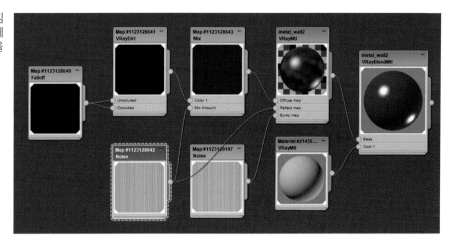

Mix map의 Mix Amount에 사용한 Noise map의 Color를 수정해서 Texture 느낌이 잘 표현되도록 했습니다..

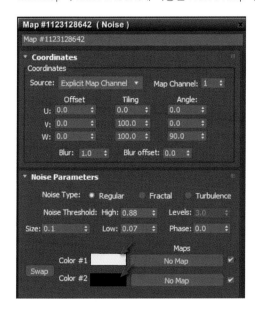

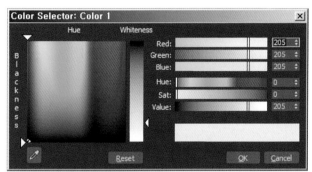

▲ Noise map의 Color #1

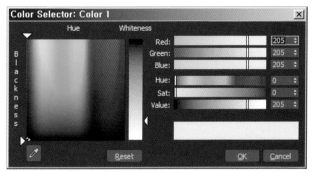

▲ Noise map의 Color #2

VRayBlendMtl의 Coat 1에 VRayMtl 기본 재질을 연결하고 Blend amount Color를 수정해 줍니다.

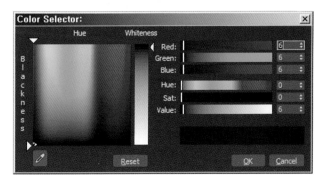

06 외부 벽에 사용된 Wood Material

외부의 벽면에 사용된 Wood Material은 모서리에 음영이 더 잘 표현되도록 하기 위해 Diffuse map의 VRayDirt map 옵션을 수정합니다.

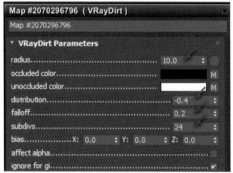

VRayDirt 옵션에서는 Radius를 수정하고 Distribution을 마이너스 값으로 수정해서 모서리에 더 강한 음영이 표현되도록 합니다.

07 지붕에 사용된 Wood Material

지붕의 안쪽면도 Wood Material이 사용됩니다. 외벽에 사용된 Wood Material을 수정해서 필요한 재질을 만들어보죠.

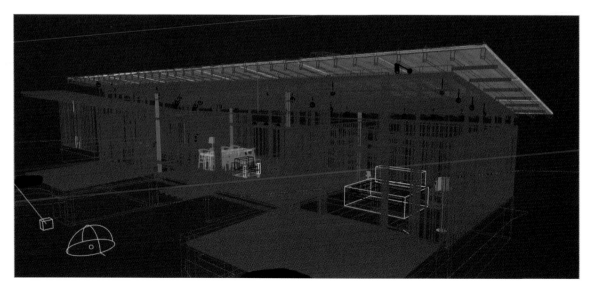

외부 벽에 사용된 Wood 재질을 복사해서 Diffuse와 Reflect의 Texture만 바꿔줍니다.
Reflect는 Texture에 따라 반사 효과가 많이 달라지기 때문에, 바뀐 Texture에 맞게 원하는 느낌으로 수정해줍니다.

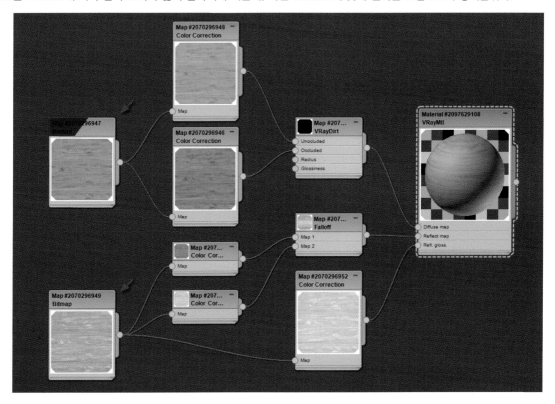

Diffuse에는 VRayDirt map을 사용합니다.
Reflect map에는 Texture를 활용한 Falloff map을 사용합니다.

Refl. gloss에는 흑백 Texture를 Color Correction으로 연결해서 부드러운 Texture에 의한 Hilight와 반사를 표현해 줍니다.

Fresnel IOR의 "L" 버튼을 해제하고 IOR을 수정해서 반사를 조절해 주었습니다.

반짝거리는 재질이 아니기 때문에 BRDF는 Ward로 선택합니다.

Reflect의 Map amount를 50으로 수정해서 Map이 50%, Reflect Color가 50% 섞인 자연스러운 느낌의 반사를 표현했습니다.

Glossiness의 Map amount를 50으로 수정해서 Map이 50%, 옵션 값인 "0.6"이 50% 섞인 값을 사용합니다.

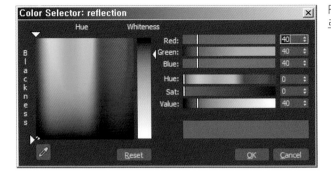

Reflect Map과 50% 섞어줄 Reflect Color는 회색으로 설정합니다.

Diffuse의 Dirty map에 사용된 Texture는 Color Correction으로 각각 수정해서 원하는 느낌을 만듭니다.

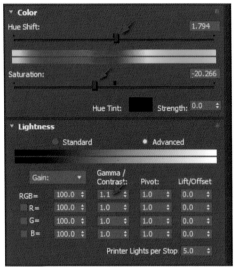

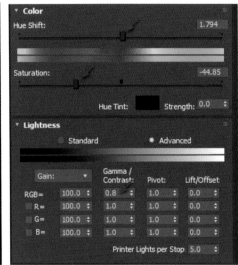

▲ Dirty map 〉 Unoccluded의 Color Correction

▲ Dirty map 〉 Occluded의 Color Correction

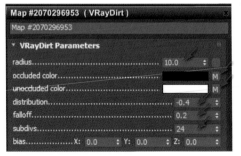

VRayDirt map은 외부 벽에 사용된 Wood 재질의 옵션과 다르지 않습니다.

Reflect map의 Falloff에는 흑백 Texture를 Color Correction으로 연결한 상태입니다.

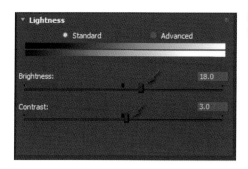

Color Correction으로 수정한 Texture의 밝기에 따라서 Reflect gloss-iness가 다르게 표현됩니다.

지붕의 안쪽면 물체를 균일한 면적으로 나누고, Unwrap UVW로 Mapping을 적용했습니다.

Unwrap UVW에서 Edge를 모두 선택하고 Break 한 다음, Polygon을 펼쳐서 정렬하고 Scale을 조절하면 오른쪽 그림과 같은 맵 좌표가 만들어집니다.
Tiling 가능한 Seamless Texture를 사용하면, 이렇게 Texture의 경계에 물체의 맵 좌표가 걸쳐 있어도 문제가 되지 않습니다

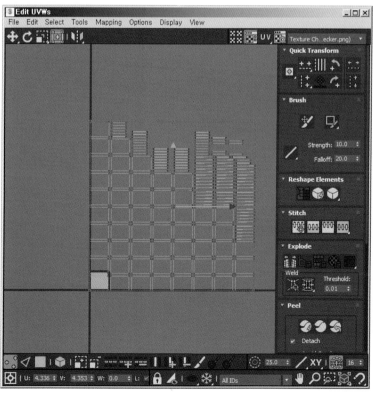

08 Interior 천장 Wood Material

Interior 천장의 Wood는 패널이 연속해서 붙어 있는 형태입니다. Floor Generator를 이용해서 만듭니다. Unwrap UVW 로 Mapping 좌표를 만들어서 패널마다 서로 다른 나무 패턴이 나타나도록 합니다.

천장 물체에 Unwrap UVW를 적용하고 Polygon을 모두 펼쳐줍니다. Polygon 면이 펼쳐지면 Scale을 이용해서 형태에 맞게 Texture 크기를 조절합니다.
Edit UVWs 창에서 체크무늬가 있는 부분이 Texture 한 장의 영역입니다.

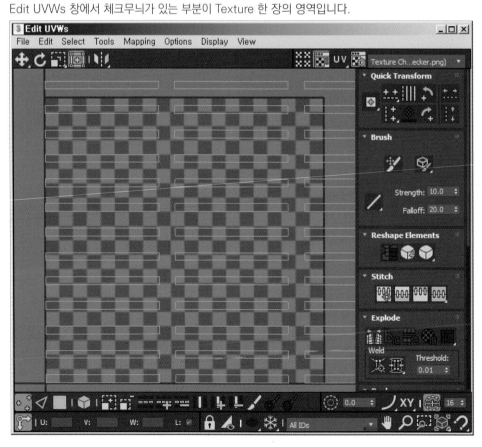

외부 벽면에 사용된 Wood Material을 복사해서 그대로 사용하거나, Diffuse에 연결된 Color Correction만 조절해서 사용해도 될 것 같습니다. 다만 실내에서 사용하면 발생하게 되는 Color bleeding 현상을 방지하기 위해 VRayOverrideMtl을 사용합니다. Base 재질을 복사해서 회색으로 수정하고 GI에 연결합니다.

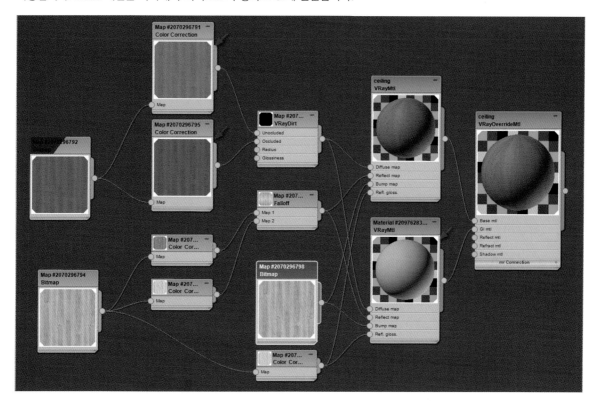

09 Interior Floor Material

실내 중앙있는 마루바닥 물체는 Floor Generator를 이용해서 만듭니다. 개인적으로 실내 컷도 Rendering 해보고 싶었기 때문에 Unwrap UVW로 Map 좌표를 만들고, 그라데이션 되어있는 Texture를 적용해서 마루 패널마다 서로 다르게 보이도록 만들었습니다 .

Diffuse map에 Wood Texture를 사용하고 Reflect map과 Refl Gloss에는 흑백 Texture를 사용합니다.
Color Bleeding을 방지하기 위해 VRayOverrideMtl을 연결하고 GI mtl에 회색 계열 재질을 연결해줍니다.

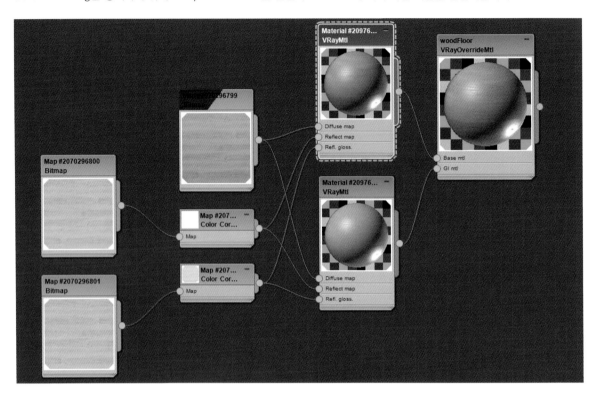

Floor Wood의 Diffuse Color는 기본 회색입니다.(VRayOverrideMtl을 사용할 때 이 Color가 사용됩니다)
Diffuse에는 아래쪽으로 갈수록 밝기가 어두워지는 Wood Texture를 사용하고, Reflect와 Reflect glossiness에는 흑백
의 Texture를 사용합니다.

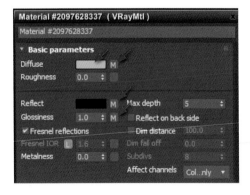

▼ Diffuse에 사용된 Texture

▲ Reflect에 사용된 Texture

흑백 Texture를 Color Correction으로 수정해서, Reflect map에 적용합니다. 여러분이 원하는 반사 느낌을 표현하기 위해 Texture의 Lightness를 Advanced 옵션으로 조절합니다. RGB의 밝기와 Gamma를 조절했습니다.

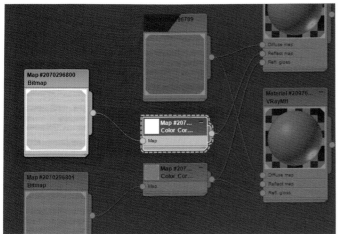

흑백 Texture를 Color Correction으로 수정해서, Reflect glossiness에 적용합니다. Texture의 Lightness를 Advanced 옵션으로 조절합니다. RGB의 밝기와 Gamma를 조절했습니다.

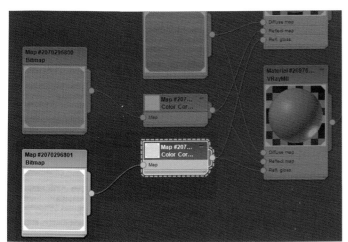
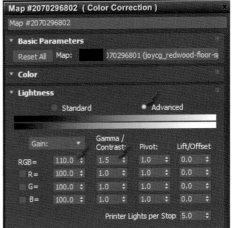

VRayOverrideMtl의 GI에는 Base Material을 복사해서 연결하고, Diffuse map amount를 35로 수정합니다. Diffuse의 회색 Color를 65% 사용하고, 현재 연결한 Diffuse map을 35% 사용하는 GI mtl이 만들어집니다. 이렇게 해서 적당한 정도의 Color Bleeding 효과가 장면에 Rendering 됩니다.

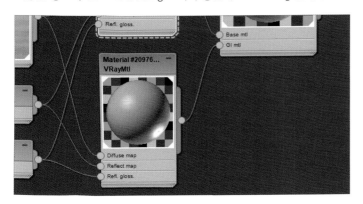
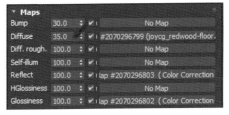

10 기타 재질

Window의 유리와 Frame, Door의 Wood Frame, Door 손잡이의 재질도 좀 더 손봐서 모서리의 음영을 살려주면 형태가 잘 살아나게 됩니다. Rendering 하면서 여러분의 느낌을 만들어 보면 좋을 것 같아요!

인테리어 나무 벽이나 책장의 책, 소품, 의자와 조명, 침대, 소파 등 여러분이 직접 만들면서 재질을 준 것이라면 장면에서 크게 튀거나 하진 않겠지만, Model Source를 불러와서 사용할 때에는 거의 모든 재질을 장면에 맞게 수정해 주어야 합니다.

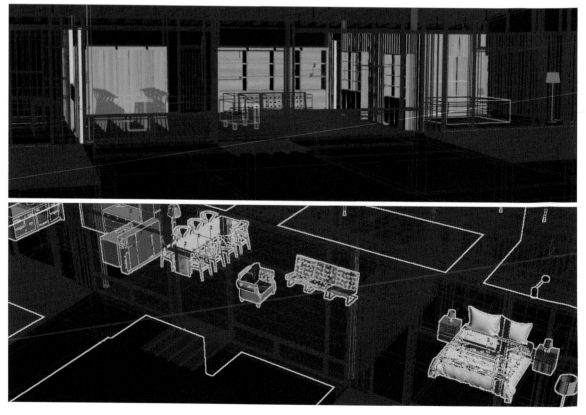

나무나 식물의 Model Source를 사용할 경우, 가장 많이 손보는 부분은 Texture의 색상과 채도, 밝기입니다. Texture에 Color Correction을 적용해서 조절하죠.
Forest를 사용한다면 Forest Color map으로 다양한 버전의 식물을 만들어낼 수 있을 것 같네요.

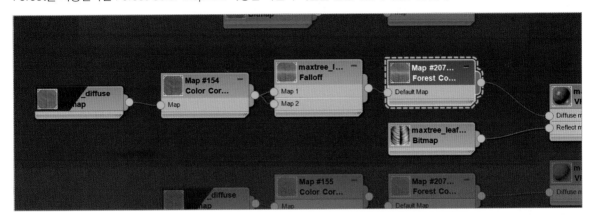

Forest Color map에 여러 개의 Texture를 사용하면 각각의 나무나 나뭇잎에 적용되는 재질이 좀 더 다양하게 만들어질 수 있습니다.
또, Texture를 하나만 사용하더라도 Tint 옵션의 Random Strength를 사용하면 하나의 Texture에 Tint Color를 여러 단계로 섞어서 다양한 색상의 재질을 만들 수 있습니다.
여름 풍경이었다가, Tint Color를 이용해서 바로 가을 풍경을 만들어 줄 수도 있죠!
YouTube(https://www.youtube.com/joycg)에 올려진 Forest 관련 동영상 강의를 활용하시면 더 잘 이해되실 거예요.

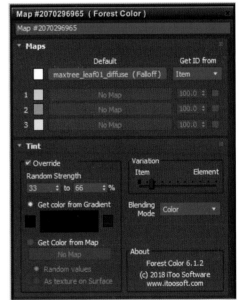

재질 작업에 따로 정답은 없는 것 같습니다.
사람마다 보고 느끼는 게 다르고, 동일한 효과를 만들어내더라도 만드는 방법에는 서로 다른 다양한 길이 있기 때문이죠.

관찰 대상의 작은 특징을 잡아내고 그 디테일을 표현하기 위해 조금씩 더 노력하다 보면 남들과는 다른, 좀 더 사실적인 결과물을 만들 수 있게 되는 것이 아닐까 생각합니다. CG 기술은 계속 변화하고 발전해 나갑니다. 여러분도 여러분만의 재질을 만들기 위해 주변을 잘 관찰하고 그것들을 표현하기 위한 Test를 많이 해나가시길 바랍니다!

Rendering &
Post-Production

이제 가장 즐거운 과정만 남았네요!
조명을 손보고 다양하게 Test Rendering을 진행하면서 Camera View를
잡아봅니다. 멋진 구도의 View를 잡아서 다양한 연출을 해보고 최종 결과물
을 만드는 것은 언제나 행복한 일입니다.

최근 ChaosGroup에서 V-Ray를 위한 Cloud Rendering 서비스를 내놓
았습니다. 대규모의 렌더팜을 내 컴퓨터에서 바로 사용할 수 있다는 것만으
로도 혁신적인 발전입니다. 작업 중인 장면은 계속 Cloud에 동기화되고 있
으므로 작업이 끝나면 바로 렌더링할 수도 있죠. 렌더링하는데 걸리는 시간
도 이제는 신경 쓸 필요가 없을 것 같네요! Cloud Rendering 서비스가 빨
리 보편화되었으면 하는 바람입니다.

Rendering이 완료되면 Photoshop으로 부족한 부분을 수정하거나 약간의
연출을 더 해서 나만의 개성을 담아내는 것도 필요한 과정입니다. 여러 가지
시도를 즐겨보고 마음에 드는 결과물은 대중적인 평가를 받을 수 있는 커뮤
니티에 올려보는 것도 좋습니다.

Rendering

내부 조명에 관련된 사진이나 도면 자료가 없어서 따로 설명하지는 않았지만, 장면 연출을 위해 내부에 간단하게 조명을 배치해 보았습니다. 이렇게 만들어진 장면을 이미지 한 장으로 끝내는 것은 너무 안타까운 일이죠! 한낮의 장면과 함께 어스름한 저녁 시간대를 연출해 보는 것도 즐거울 것 같아요!

사진을 참고하자!

Rendering이나 후반 작업에서 멋진 이미지를 만들기 위해 무엇이 필요할까요?
요즘은 Instagram이나 Pinterest, YouTube 같은 곳에서 좋은 느낌의 사진과 영상을 많이 접할 수 있습니다.
항상 관심을 가지고 꾸준하게 좋은 자료를 찾아보는 습관이 감각을 키워줍니다. 이런 건 다른 사람이 도와줄 수 있는 게 아니죠.

Chapter 01 Rendering

지금까지 만든 장면을 멋지게 마무리할 시간입니다. 가장 보여주고 싶은 부분이 어디인가요?

사진작가가 멋진 구도를 찾고 사진 프레임 안에 원하는 것을 담아내는 것처럼, 우리도 멋진 장면을 위해 필요한 것이 무엇인지 생각해 봅니다.

"어떻게 보여줄까?"

"해가 지면서 어둑해진 시간, 건물에는 불빛이 하나둘씩 켜지고 어두워진 수면 위로 불빛이 반사되는 느낌이면 좀 멋지겠는데?"와 같은 생각을 Rendering View에 담으면 됩니다.
따뜻한 주경 느낌은 어떨까요? 나무숲 사이로 비쳐드는 햇살에 환하게 빛나는 건물, 그리고 활짝 핀 억새와 수초들이 무성한호수, 산들바람이 불고 있을 것 같은 호수의 물결들…

평범한 View도 좋고 전체가 Wide하게 나오는 View도 좋습니다.
특정 부분을 확대하거나, 포인트가 되는 부분을 제외한 나머지를 흐릿하게 처리하는 느낌도 생각해 보세요.
그럼 이제 View를 결정하고 Rendering을 시작해 볼까요?

01 Camera View

여러 개의 Camera View를 잡아보고, 마음에 드는 View를 Rendering 합니다. 건물과 자연이 모두 잘 보이는 View입니다.

02 V-Ray GPU Render

Render Setup [F10]을 열고 세팅을 시작해보죠. 이미 Renderer는 V-Ray로 선택되어 있겠죠! ^^
최종 Rendering을 위해서 어떤 과정이 필요할까요?
빠르게 Test Rendering을 반복하면서 재질과 조명을 수정하고 원하는 느낌을 찾아 나가야 합니다.
가장 빨리 최종 느낌을 찾는 방법은 V-Ray GPU를 사용하는 것입니다. 빠른 Test를 위해 Output Size도 조절해줍니다.

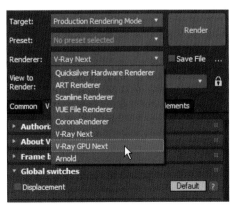

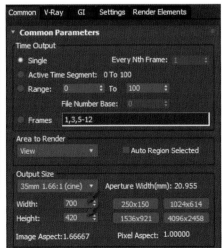

V-Ray GPU는 실시간 렌더링 기능입니다. 그래픽카드의 성능이 좋을수록 렌더링 속도가 빨라집니다.
좋은 그래픽카드를 사용하면 V-Ray GPU로 Test Rendering 뿐만 아니라 최종 Rendering까지 할 수 있죠!
V-Ray tab에서 Start IPR을 실행합니다.

Render 창이 뜨고, 시간이 지날수록 물체의 형태가 조금씩 드러납니다. 전체적으로 점묘화 같았다가 점점 더 선명해지죠.
렌더링되는 동안 HDRI의 확인이나 수정도 가능하고 재질을 수정해서 바로 확인할 수도 있습니다.
VRaySun의 위치와 밝기 등도 수정하면서 최종 이미지 느낌을 확인할 수 있죠!

Rendering Pass가 진행될수록 이미지 퀄리티가 좋아집니다. 대략적인 분위기를 파악하는게 목적이니까 오랜시간 두고 볼 필요는 없어요!
최종 느낌을 위해 Correction Control에서 노출이나 Curve 값을 수정할 수 있습니다.

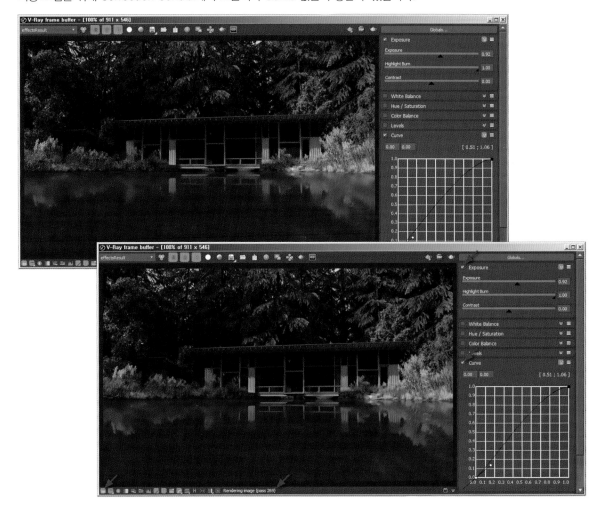

Camera View가 아직 마음에 들지 않으면, 렌더링 되고 있는 상태를 확인하면서 View를 조금씩 바꿔볼 수도 있습니다.

03 최종 Render Setup

Renderer를 V-Ray로 선택(현재 버전은 V-RayNext)하고 최종 Render Size를 수정합니다.
여러분은 Camera View에 맞게 다양한 비율로 장면을 Rendering 해 보세요!

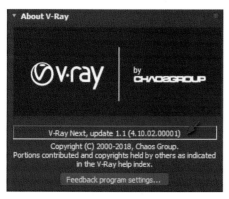

현재 버전 정보는 About V-Ray에서 확인할 수 있습니다.
2019년 1월 현재 V-RayNext update 1.1이 최신 버전이고, 일반적으로 말하는 V-Ray 4.1 버전이 됩니다.

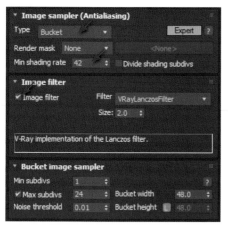

Image sampler의 Type은 Bucket으로 설정하고, Min shading rate를 42로 수정했습니다.
Image filter는 VRayLanczosFilter를 사용하고, Bucket Image sampler의 경우 기본 값을 사용했습니다.
수치에 따라서 Rendering 시간이 길어지게 됩니다.

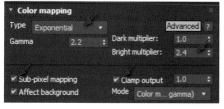

Color mapping Type은 Exponential로 정하고 Bright multiplier를 2.4로 수정합니다. 나머지는 Test Rendering에서도 선택했던 옵션입니다.
(Sub-pixel mapping, Clamp output을 선택)

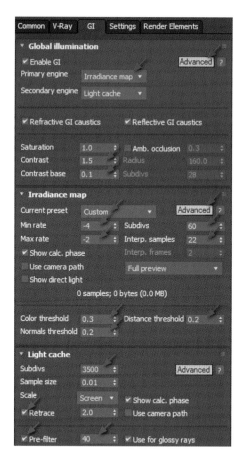

GI Tab에서 Primary engine은 Irradiance map으로 선택합니다.
Advanced 옵션이 보이게 해서 Contrast, Contrast base 옵션을 수정
합니다.

Irradiance map에서 Custom preset으로 옵션을 수정합니다.

Light cache에서 Subdivs는 3500으로 수정합니다. (여러분의 컴퓨터 사
양을 고려해서 조절해 주세요! CPU와 RAM, 그래픽카드 등)

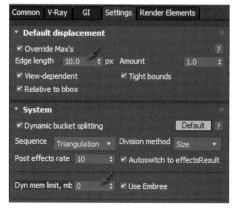

Settings tab에서 장면에 적용된 Displacement 퀄리티를 조절할 수 있
습니다.
Rendering 이미지의 Output Size에 따라서 Default displacement의
Edge length를 조절해 줍니다.
Output Size가 커질수록 Edge length를 크게 적용합니다.

이전 버전의 V-Ray를 사용하는 분들은 따로 Dynamic memory limit를
"0"으로 수정해 주어야 합니다.
최신 버전이 되면서 기본 값이 "0"으로 설정되어 있습니다.

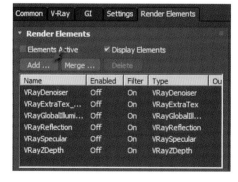

후반 작업을 위해, 필요한 Render Elements가 있다면 Add 버튼으로 추
가해 줍니다.
VRayDenoiser (노이즈가 감소된 RGB 이미지),
VRayExtraTex (Ambient Occlusion 효과를 위한 GrayScale 이미지),
VRayReflection (이미지의 반사 부분),
VRaySpecular (이미지의 Hilight 부분),
VRayZDepth (Z 방향의 거리 값을 표현한 GrayScale 이미지)

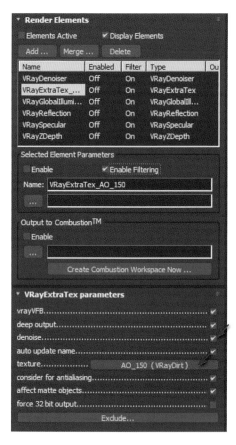

VRayExtraTex 채널을 추가합니다
추가된 VRayExtraTex를 선택하면 옵션이 나타납니다.

대부분 기본 값을 사용하고, Texture에 VRayDirt map을 적용합니다.
Radius 범위를 장면에 맞게 조절해서 사용합니다. (Subdiv를 24~30 정
도 사용)

V-Ray가 버전업 되면서 각 채널마다 Noise를 감소시키는 denoise 옵션
이 들어왔습니다. denoise 옵션을 선택합니다.

VRayReflection 채널에서도 denoise 옵션을 선택합니다.

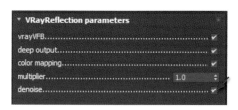

VRaySpecular 채널에서도 denoise 옵션을 선택합니다.

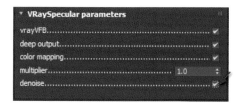

VRayZDepth 채널에서는 카메라를 기준으로 ZDepth가 표
현될 거리 값을 입력합니다.

04 Rendering

VRaySun과 Dome light를 이용한 주경 Rendering을 준비해 볼까요? 태양광이 건물 왼쪽의 나무 사이에서 뻗어나와 건물을 비추도록 VRaySun의 위치와 옵션을 수정합니다.

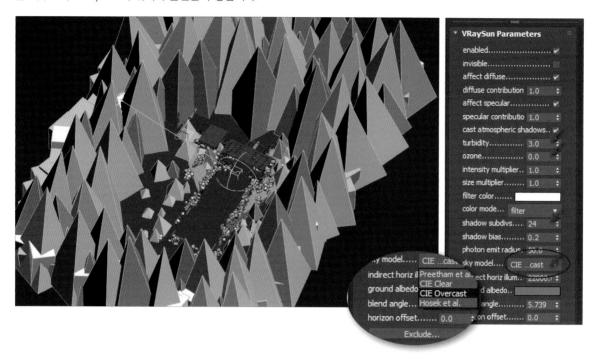

Dome light의 옵션을 수정하고 Rendering할 Camera View를 마지막으로 체크합니다.

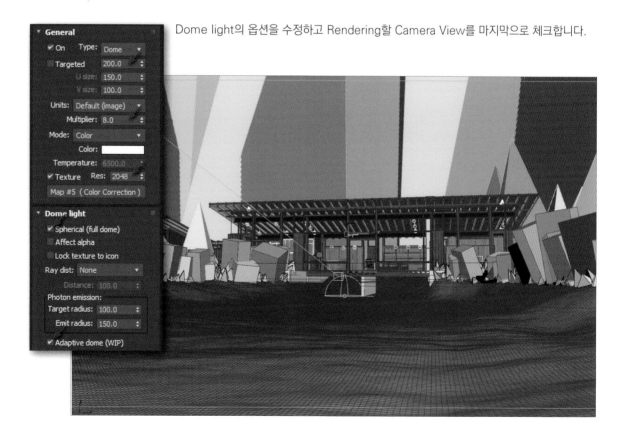

이제 Render 버튼을 실행하고 기다리는 일만 남았네요! 컴퓨터의 성능에 따라서 시간이 다르기 때문에 컴퓨터를 사용하지 않는 시간에 Rendering을 걸어두면 좋겠죠!

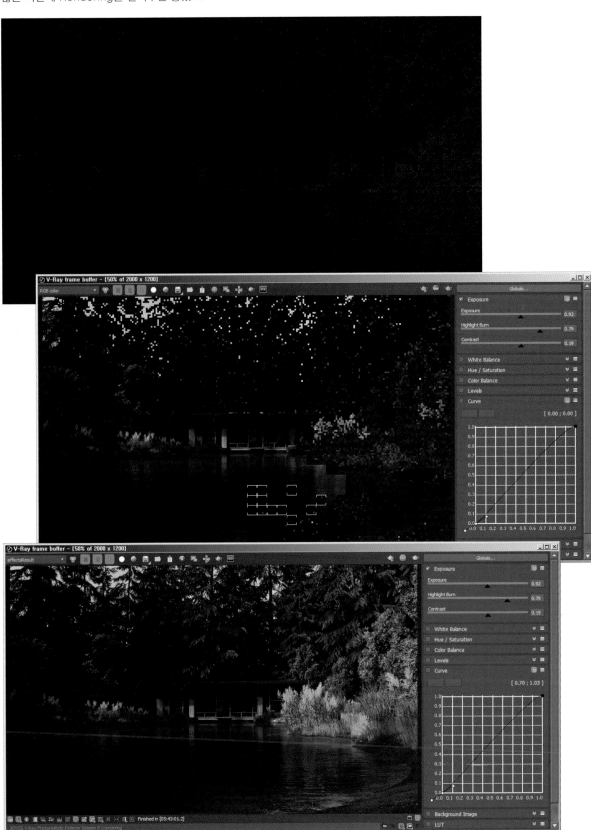

Rendering이 종료되면 Render Element 이미지도 문제가 없는지 확인합니다.

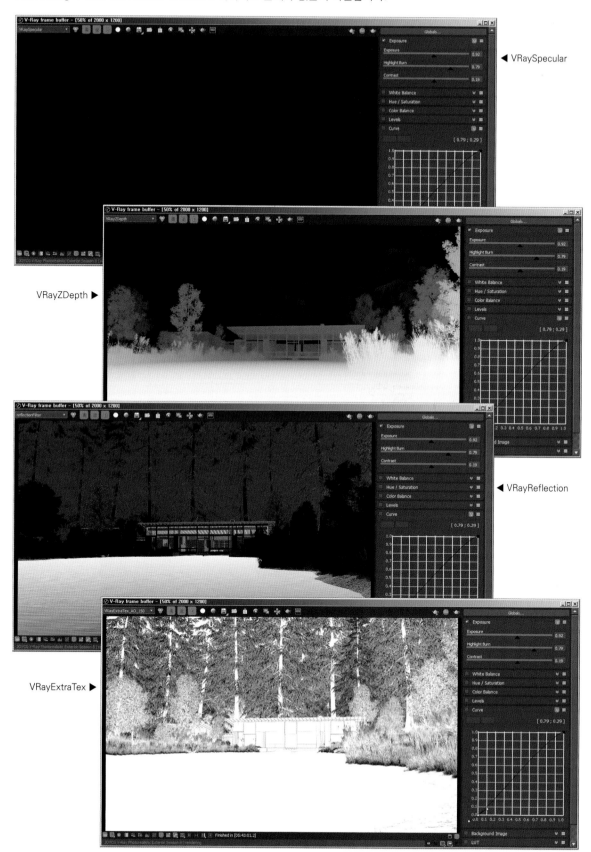

◀ VRaySpecular

VRayZDepth ▶

◀ VRayReflection

VRayExtraTex ▶

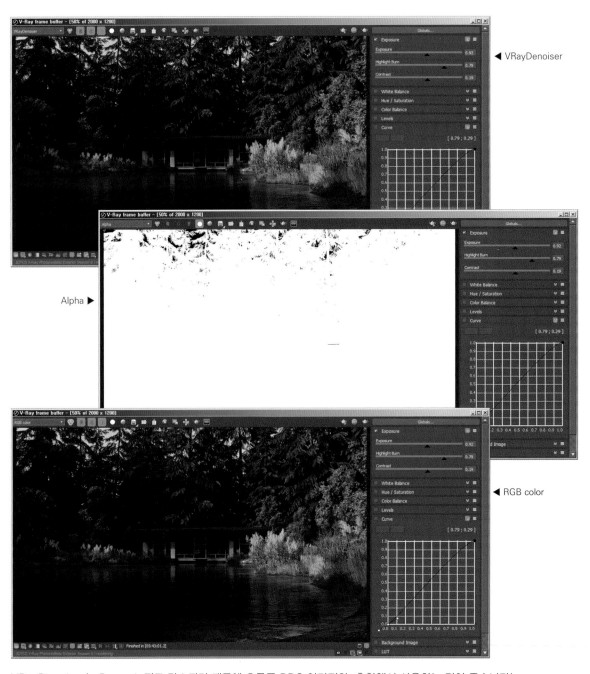

◀ VRayDenoiser

Alpha ▶

◀ RGB color

VRayDenoiser는 Bump 느낌도 감소되기 때문에 오른쪽 RBG 이미지와 혼합해서 사용하는 것이 좋습니다!

Rendering이 완료되면 Save to separate files를 이용해서 *.tga로 저장합니다.

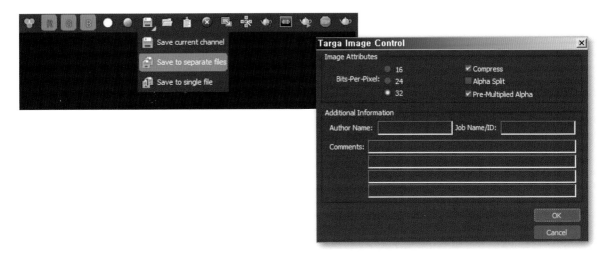

Chapter 02 후반작업

Rendering이 완료되면 작업자의 감각을 제대로 표현할 수 있는 후반 작업이 남게 됩니다.
누가 봐도 멋진 느낌이면 좋겠죠! 그러기 위해 Photoshop을 기본으로 능숙하게 다루는 것이 필요합니다.

"사진을 참고하자!"

하지만, 툴만 잘 다룬다고 항상 좋은 결과를 얻을 수 있는 건 아닙니다. 멋진 사진과 작품을 참고하면서 그 감성적인 느낌을
표현하기 위해 노력해보는 것도 좋습니다.

01 계획하기

초기 Rendering을 이용해서 마지막 이미지는 어떻게 만들지 머릿속으로 생각해 봅니다.
Color를 조절해서 채도를 낮추거나 어떤 부분은 채도를 높이고, Hilight를 더 강하게 조절하면 좋겠습니다.
또, 물 표면의 반사를 좀 더 명확하게 보이게 하면서 물 안쪽은 투명하게 보이도록 하면 멋진 느낌이 될 것 같고요. 건물 내부는 조금 밝게 표현하고 거리가 멀어질수록 옅은 안개가 표현되도록 하면 좋겠네요!

▲ Rendering Image

▲ 머리 속으로 생각하는 최종 느낌

02 이미지 가져오기

Rendering된 이미지들을 가져
오기 위해 File 메뉴〉Scripts 〉
Load Files into Stack을 실행
합니다.

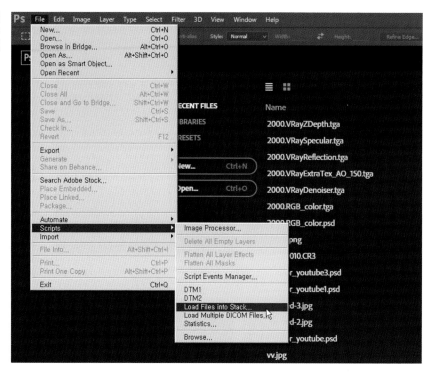

Load Layers 창에서 Browse 버튼으로 Rendering된 이미지와 필요한 Element 채널 이미지를 선택합니다.

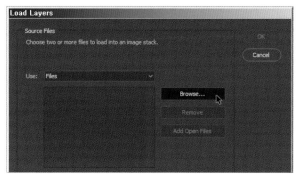

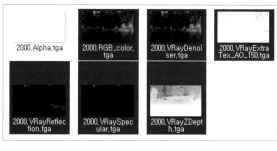

선택된 이미지가 Load Layers 창에 추가되는 것을 볼 수 있
습니다. "OK" 버튼으로 작업을 완료합니다.

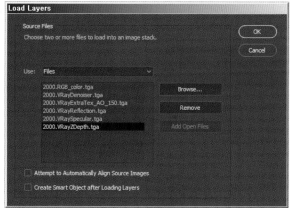

03 Layer 작업

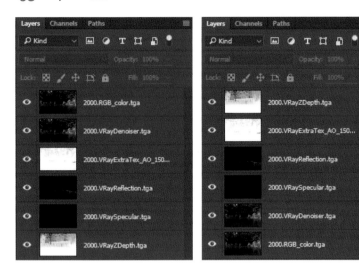

불러온 이미지가 Layers에 모두 들어와 있는 상태입니다.
작업을 위해 이미지 순서를 바꿔줍니다.

RGB 이미지와 VRayDenoiser Layer만 남기고 이미지를 확인하면, 물 표면에 bump 효과가 많이 줄어든 상태입니다.

VRayDenoiser Layer를 꺼서 RGB 이미지를 확인하면 물 표면 작은 bump가 보이는 것이 확인됩니다.

VRayDenoiser Layer를 다시 켜서 Opacity를 40%로 설정합니다. VRayDenoiser를 40%만 섞어줍니다.

VRaySpecular Layer를 켜서 Layer mode를 Screen으로 수정합니다.

VRayReflection Layer를 켜서 Layer mode를 Screen으로 수정한 후, Opacity를 50% 적용해 반사 느낌을 추가합니다.

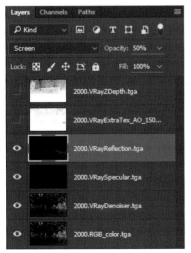

VRayExtraTex Layer를 켜서 Layer mode를 Multiply로 수정한 후, 투명도를 70%로 수정합니다.

VRayExtraTex Layer가 있을 때와 없을 때를 비교해보면, 물체끼리 맞닿아있는 부분이나 모서리 부분에 물체의 음영이 추가되면서 더 사실적인 느낌이 만들어진 것을 확인할 수 있습니다.

Stamp Visible[Shift+Ctrl+Alt+E]을 실행해서, 지금 화면에 보이는 상태를 그대로 새로운 Layer로 만듭니다.
새로운 Layer가 만들어졌는지 확인 후 다음 작업을 진행합니다.

현재 Layer를 Smart Object로 만들어서 원본 이미지가 유지되도록 합니다. (언제든지 적용된 Filter를 다시수정할 수 있어서 좋아요!)

Layer menu › Smart Objects에서 Convert to Smart Object를 실행하거나, 이미지에서 마우스 오른 버튼을 클릭해서 메뉴가 보이면 같은 명령을 실행하면 됩니다.

Layer에 Smart Object 표시가 보이면 완성입니다.

이미지를 만들기 위해 사용한 아래 Layer는 모두 합쳐서 하나의 Layer로 만들어 둡니다.
Smart Object Layer에 Filter를 사용해서 이미지의 느낌을 조절합니다. 저는 Viveza를 사용했습니다. (효과가 적용되는 위치와 범위를 자유롭게 조절할 수 있고, 적용된 효과가 주변과 경계를 만들지 않고 부드럽게 표현되기 때문에 주로 사용합니다)

더 수정해야 할 부분이 있는지 이미지를 확인합니다.

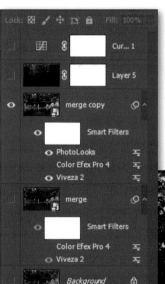

현재 Layer를 Ctrl+J로 복사하고, 전체적인 느낌을 보정하기 위한 Filter를 사용해서 최종 이미지를 완성합니다. 저는 PhotoLook이나 ColorEfex를 사용해보고 최종으로 PhotoLook의 느낌으로 이미지를 조절했습니다.

Filter가 적용된 Layer의 투명도를 조절해서 이전 Layer에 섞어주면 Filter 효과를 적절하게 사용할 수도 있습니다.
그냥 지금 느낌이 괜찮다면, 아래 Layer들은 보이지 않게 숨겨도 되겠죠!

VRayZDepth Layer는 이미지를 반전시켜서 Screen mode로 적용한 후, 장면에 안개 느낌이 표현되도록 Level 값을 조절합니다.
이미지에 자연스러운 Fog를 만들려면 Color를 조절하면 좋겠죠! Color Balance로 약하게 Color를 추가합니다.
투명도를 조절해서 자연스러운 Fog 표현을 만들어 줍니다.

Curves Layer를 추가하고 RGB curve를 따로 조절해서 좀 더 미세하게 색상을 바꿔줄 수 있습니다.
Curves Layer에 Mask를 사용해서 효과가 적용되는 범위를 정할 수도 있습니다.

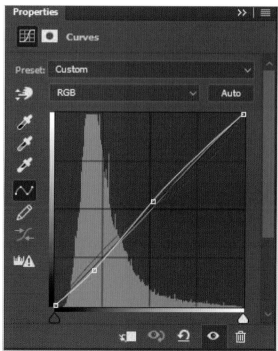

마지막으로 완성된 이미지에 여러분의 이니셜을 추가하고 저장하면 되겠죠!

Chapter 03 Corona Render

완성된 작업에는 내부 조명들을 넣어 두었고, 이 상태를 Corona render로 바로 전환(99%에 가깝게 전환됩니다)해서 좀 더 다양한 연출을 해보려고 합니다.

"렌더링을 보면서 수정해보자!"

Corona Render는 현재 V-Ray 개발사 Chaosgroup이 인수해서 같은 회사 제품이라고 볼 수 있습니다.
개발팀은 다르지만 서로 기술을 공유하고 발전시키고 있는 것 같아요.
Corona Render로 Convert 하고 조명을 조절하는 내용은 제 Youtube 채널에 올려두었습니다.(https://goo.gl/xpC4zf)

01 Convert

장면을 Corona Render로 Convert 하기 위해서는 먼저 Corona Render를 설치해야 합니다. 현재 45일간 기능 제한 없이 사용할 수 있는 버전을 무료로 받아 사용해 볼 수 있어요!
(https://corona-renderer.com/download)

장면에서 마우스 오른쪽 버튼을 누르고, Corona Converter 메뉴를 사용해서 V-Ray 장면을 바로 Corona 장면으로 바꿀 수 있습니다.

02 수정해야 할 것들

Corona Render로 바뀌면 Dome light는 사용할 수 없습니다. Dome light에 사용했던 HDRI는 Corona Bitmap으로 불러서 Render Setup〉 Scene tab〉 Scene Environment에 추가합니다.
그리고, 유리 재질과 물 재질이 잘 변환되었는지 한번씩 확인하세요. (100% 완벽하진 않으니까요.)

03 Rendering 하면서 옵션을 수정

이제 Rendering 하면서 조명
의 밝기와 다양한 옵션을 조절
해 보세요.
V-Ray와는 다른 새로운 결과물
을 얻을 수 있습니다.

04 LightMix

LightMix를 이용하면 장면의
모든 Light와 Environment까
지 조절하면서 다양한 연출이 가
능합니다.

LightMix에서 Environment 를 off 하면 배경이 없어지는 걸 볼 수 있죠!
개별 조명의 밝기와 Color를 마음대로 수정할 수 있습니다.

최소한의 Light를 남기면서 장면을 연출해서 다양한 최종 느낌을 만들어보세요!

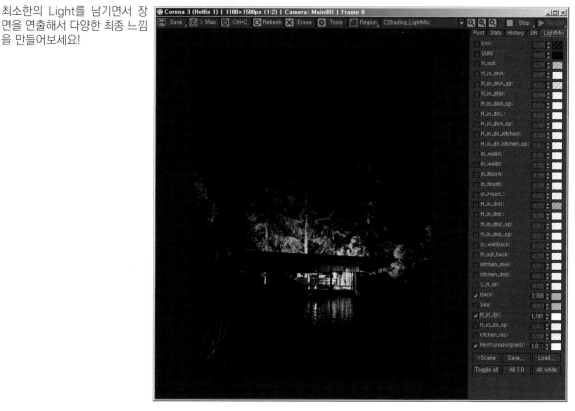

하나의 작업 과정이지만 책으로는 설명이 부족한 부분이 분명히 있습니다.
끝까지 읽고 따라하셨다면 수고 많으셨어요! 도움 되시길 바랄게요!

V-Ray
Exterior Workflow 2

저자협의
인지생략

1판 1쇄 인쇄   2019년 1월 25일
1판 1쇄 발행   2019년 1월 30일

지은이 안 재 문
발행인 이 미 옥
발행처 디지털북스
정 가 25,000원
등록일 1999년 9월 3일
등록번호   220-90-18139
주   소 (03979) 서울 마포구 성미산로 23길 72 (연남동)
전화번호 (02) 447-3157~8
팩스번호 (02) 447-3159

ISBN 978-89-6088-244-7 (13000)
D-19-01

DIGITAL BOOKS
디지털북스